ドルの最後の買い場だ！

BUY US Dollars!
This is your last chance.

浅井隆

第二海援隊

目次

第一章　国家破産と円高・円安

第二章　一ドル＝三六〇円から九九円までのトレンド

第三章　アベノミクス崩壊

第四章　ゴールドと円

第五章　将来、一ドル＝三六〇円を超える時代がやってくる!?

※注　本書では為替は時価または一ドル＝一〇〇円で計算しました。

第一章　国家破産と円高・円安

インフレには二つの種類がある

為替の本かと思ったら、最初からインフレの話とはどういうことだろうか。実は、そこがミソなのだ。

「インフレは、常に、そしてどこででも貨幣的な現象である」――ヘリコプター・マネーの提唱者として名高い経済学者、故ミルトン・フリードマンはこのような言葉を残した。マネタリスト（＝経済の貨幣的な側面を重視する学派）として知られるフリードマンは、インフレは「経済生産より早いペースで貨幣供給量が増えることによって生まれ得る」と主張する。

フリードマンの考え方については賛否両論あるが、完全なる紙幣本位制の下ではこの考え方はある意味で正しい。

一般的に、インフレには二つの種類がある。一つは商品量が減少しているのに、金銭の量が変わらない場合などだ。これはサプライショック（供給ショック）と言われている。代表例が不作や戦争による生産の減少、オイルショックなどだ。そしてもう一つのインフレは、通貨の供給過剰によって誘発される。近代になってハイパーインフレが散見されるようになったのは、通貨の製造が容易になったためだ。その教訓として、一九七〇年代の後半頃から中央銀行の独立性を強化しようという機運が続いている。

インフレーションの語源

ところで、皆さんはインフレーションの語源をご存知だろうか？　実は、インフレーションという言葉は南北戦争の時代にできたと言われている。なぜなら、この時、米国は財政ファイナンスによってハイパーインフレを経験した。すなわち、インフレという言葉は紙幣が膨張したことを起源としている。

南北戦争（一八六一年～一八六五年）時、米国では北部も南部も戦費を調達するために政府紙幣の発行を余儀なくされた。その結果、南北共に高率のインフレが発生。北部のインフレ率は最高でも八〇%とハイパーインフレこそ免れたものの、南部は一時的に月間のインフレ率が七〇〇%に達したと言われている。北部がハイパーインフレを免れたのは、戦争に勝利し「紙幣本位制」から「金本位制」に復帰したためだ。一方の南部は、特産品である綿花を政府紙幣の担保として価値を維持しようとしたが、敗戦によって北軍が綿花を焼き払ったことからひどいインフレに発展したという。

米国はそれ以前にも独立戦争(一七七五年~一七八三年)の際に「コンネンタル・ドル」という政府紙幣を発行してハイパーインフレを味わった。この時も、戦費を賄うための一時的な処置(金本位制からの脱却)として財政ファイナンスを発動したが、歳出が膨らみ続けたために紙幣の増刷を止められず、国民が徐々に金や銀を志向し始めたことから政府紙幣は最終的に紙クズと化している。

インフレの歴史を紐解くと、俗にハイパーインフレと呼ばれる事象は政府の恣意的な運営の帰結として起きている場合が多い。というより、ほとんどがそうだ。過去には供給不足によるインフレもたびたび起きているが、先のオイルショックを含めインフレ率が三桁くらいにまで高まった試しはまずない。通貨の信認が喪失された場合こそが、本当に危険なのだ。

「インフレは、常に、そしてどこででも政治的な現象である」——米プリンストン大学で歴史学の教授を務めるホラルド・ジェームズ氏は、ミルトン・フリードマンが残した言葉をこのように言い換えている。

ジェームズ氏は二〇一三年にクレディ・スイスが発行したインフレに関するレポートにおいて、次のように指摘する——「歴史を通じて、内外の政治権力は、通貨の基準を司る者が安定を目指すか、それとも世界が金融無秩序に陥りその不愉快な結末を引き受けることになるかについて、強力な影響を及ぼしてきた」。その上で、近年は為政者と中央銀行が教訓を得たことによって「過去三〇年のほとんどの間、インフレはほぼすべての国や地域で低下してきた」と分析する。為政者と中央銀行が意図的に距離を遠ざけてきたというわけだ。しかしながら同氏は、直近では次のように状況が変化してきたと警鐘を鳴らす——

「インフレは民主的なシステムを脅かす可能性があるという認識により、過去二五年間、低インフレ政策は強力な政治的支援を獲得してきた。しかしその支援は現在衰えつつあり、中央銀行は一九三〇年代のシナリオを繰り返しとなる、『国営化』のリスクにさらされている。これは国際協力と安定よりも、むしろの無秩序のレシピである」（クレディ・スイス　レポートより）。

ジェームズ氏が感じているのは、かつてのように中央銀行が為政者の財布になるのではないかという不安だ。実際、二〇〇八年のリーマン・ショック以降は世界のあちらこちらで中央銀行と為政者の関係を近くしようという議論が盛んになっている。今では、デフレへの恐怖から公然と財政ファイナンスを導入するよう主張する向きも少なくない。確かにデフレの定着はよろしくないが、財政ファイナンスの導入はさらに危険だ。

歴史上の紙幣本位制はすべて崩壊している

「紙幣はただの紙に戻る」——これは第一次世界大戦後のドイツで流行ったとされる冗談だ。ご存知のように、当時のドイツは敗戦によって巨額の賠償に苦しんでいたことから最終的に破壊的なハイパーインフレに見舞われている。一九二三年～一九二四年には紙幣が文字通りの紙キレと化し、国民が紙幣を暖房や料理の焚き付けに使用するまでに至った。ドイツの例は、財政ファイナンスの結末がいかに破滅的なものであるかを示す貴重な教訓と言える。

ドイツの例を冗談だと一笑に付すのが恐ろしくなる事実を指摘しておきたい。それは、歴史上の紙幣本位制（不換紙幣）はすべて例外なく崩壊しているということだ。

二〇一一年八月一五日付の米ウォールストリート・ジャーナルは「ニクソンショックから四〇年——現行の紙幣制度の結末はいかに」と題した示唆に富む

論説を掲載、次のように断じている――「すべての紙幣制度は、最終的には失敗した。金融当局は、完全な崩壊が起こる前に商品を裏付けとする貨幣制度に戻した。そうしなかった場合は、ハイパーインフレを招き、社会に深刻な影響をもたらした」（ウォールストリート・ジャーナル二〇一一年八月一五日付）。

この記事は恐ろしいことを伝えている。歴史上、何かしらの商品を裏づけとする兌換紙幣へ回帰しない限りは、恒久的に通貨の価値を保った不換紙幣は存在しなかったというのだ。記事は、世界最古の不換紙幣（紙幣本位制）は一〇〇〇年前の中国で生まれたとしている。その後、西欧社会でも紙幣本位制は踏襲されるが、そのほとんどの場合で（兌換紙幣からの脱却は）戦費の調達が理由であった。その上で記事は、国家の都合によって生み出された「歴史上のすべての紙幣制度は、ある程度の期間を経て、金融や経済の不安定化を経験し、急速な価値低下を伴った」（同前）と指摘。そして、一九七一年のニクソン・ショックから四〇年が経過した現行の紙幣本位制も例外ではないと警告。「歴史的にみると、すべての紙幣制度は完全な失敗で終わるか、商品を裏づけとするマネーにタイミングよく戻るか、どちらかである。現行の紙幣制度の開始から四〇年が過ぎた今、我々はまた同じ岐路に直面している」（同前）と断じた。

この内容は大げさなように聞こえるかもしれないが、不換紙幣が信任を失うことは決して珍しいことではない。前述したように米国も建国初期に二度のハイパーインフレを経験している。ドイツや日本でも戦前や戦後にかけて幾度となく不換紙幣の信任が崩れ去った。お隣の中国も一九三〇年代に銀本位制から脱却した際、「史上最大級のハイパーインフレ」（英フィナンシャル・タイムズ二〇一六年五月四日付）に襲われている。そして、このインフレこそが現在の共産党支配の下地を作った。この他にも直近におけるジンバブエやベネズエラのように、不換紙幣が紙クズと化した例は枚挙に暇がない。

不換紙幣の裏付けは政府と中央銀行の信用だけ

実質的には紙としての価値しかない不換紙幣の場合、信任の維持はすべて中央銀行と政治の裁量に委ねられている。そうした事実を省みて、先進国を中心に一九七〇年代の後半から為政者と中央銀行の距離を遠ざけようという機運が高まった。その結果、見事にインフレは沈静化する。そして、エコノミストの言う「大いなる安定」（＝主要先進国における長期的な物価の安定、経済の成長、新興国の台頭）という時代を私たちは謳歌するに至った。大いなる安定を経験したことから、インフレは完全に過去のものとなったと言い切る有識者も少なくない。

ところが、二〇〇八年のリーマン・ショックがすべてを変えた。二〇〇六年の時点で金融危機を正確に予測していたことで時の人となったヌリエル・ルービニニューヨーク大学教授は、リーマン・ショックをきっかけに世界は「大いなる不安定」の時代に入ったと断じる。古き良き時代は終わったというのだ。実際に強力なデフレ圧力と政府債務の急増に晒された先進国では、いよいよ中央銀行の独立性が脅かされようとしている。このことは、将来的なインフレを暗示しているに違いない。残念なことに、その好例は日本だ。

確かに、直近で言うとインフレの脅威は存在しない。ただし、インフレが常に政治的な現象であるという原則を踏まえると、デフレの先には強力なインフレの時代が待ち構えているということは容易に想像できる。

その証拠が金（ゴールド）の価格だ。米バロンズ誌（二〇一四年一一月二五日付）は「世界の不換通貨に対する逆張り投資」と題した論説において、リーマン・ショック以降に金価格が上昇したことに対し、「長引く低インフレ、ゼロ％に近い金利、低成長といった最近の状況に基づくと、金が輝きを増すタイミングとは思えない」と疑問を呈している。「金はインフレヘッジの代表格と言われている」ためだ。その上で次のように指摘する――「ただし、ディスインフレやデフレの時代に金が好調を示した前例がある。世界の市場に進出するために各国が通貨を切り下げた一九三〇年代である。中央銀行が空前のペースで紙幣を増刷している現在と当時では、さほど違いはないのかもしれない」（以上バロンズ二〇一四年一一月二五日付）。

記事が言うように、一九三〇年代も金が高騰した。たとえば米国では、ルーズベルトが国民から金を没収し、（金に対して）ドルを切り下げたために金は必然的に高騰している。また、英国など金本位制から脱却した国でも国民の金に対する需要が高まった。

詳細な状況こそ違うが、現在も似たような状況にある。各国の中央銀行が積極的に紙幣を増刷して自国通貨安を志向している昨今、金の価格が上昇するのは必然と言えそうだ。不換紙幣は商品の裏づけがないのだから。

繰り返しになるが、実質的には紙でしかない不換紙幣は政府や中央銀行の信用力を担保としている。一九七一年のニクソン・ショック以降、ほぼすべての先進国が完全なる不換紙幣を発行しているが、今の今まで紙キレと化さなかったのは政府と中央銀行が信任を維持しているからだ。それが、ここに来て揺らぎ始めている。

金本位制とドル本位制

「金本位制に戻せばよいじゃないか」と安易に考える人もいるかもしれない。しかし、それはほぼ不可能だ。確かに、通貨の信任を維持するには金本位制は向いている。しかし、一方で金本位制の下では通貨の発行量は金の保有量に制限されてしまうため、不況時などでは金融政策を自由に調節できない。言い換えると、金融政策を調節する上で金本位制が邪魔になったからこそ、各国は金本位制を捨てたのだ。その代わりに中央銀行の独立性を強化したのである。

結論からすると、現状で金本位制に回帰するのは実質的に不可能だ。現在の金融政策は紙幣の増刷を前提としているため、仮に通貨発行を制限する金本位制に復帰したとなると大混乱が生じる。具体的には劇的な金融政策の引き締めを招くこととなり、多くの国が瞬間的に破綻する可能性が高い。各国は良くも悪くも現行の低金利政策によって生きながらえているため（問題を先送りにしているため）、現状では金本位制への回帰など検討にすら値しないはずだ。

二〇一六年三月末時点で世界の債務残高（政府、企業、家計）の対GDP比は二四二％と、二〇〇八年の二二一％から増加している。しかし、米JPモルガンによると低金利政策のおかげで利払い費はリーマン・ショック以前と比べて減少した。もはや先進国は、中央銀行によるサポート（低金利政策）がなければ立ち行かない。

もちろん、これは問題を先送りにしているに過ぎず、今後は先進国においても紙幣が紙クズと化してしまう国家が続出するだろう。歴史上、商品を裏づけとしない不換紙幣は最終的にすべて失敗に終わっているのだ。そう考えると、米ドルでさえもいつかはこの運命を辿る。問題は、そのタイミング（順番）だ。

そして、現行の金融政策の出口があるかないかがその順番を決める。そう考えると、ゆっくりとではあるが金融政策の正常化を窺っている米国は安泰だ。ごくまれに「米国は金本位制への復帰（新ドルへの切り替え）を画策している」などといった陰謀論めいたことを聞くが、これは論じるに値しない。米ドルは

GDPに占める日銀の資産の比率

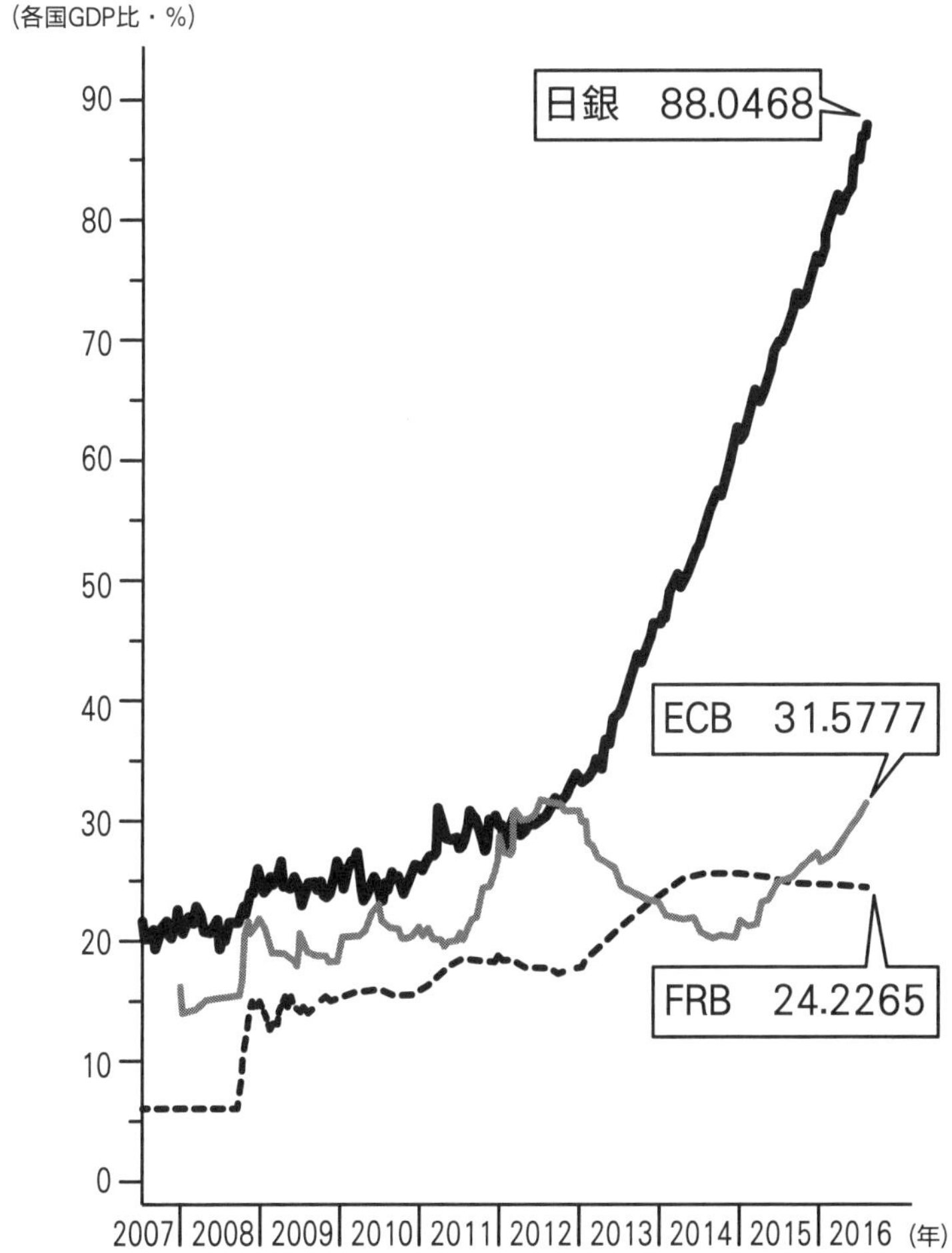

■日銀量的緩和は米連邦準備制度やＥＣＢより大掛かり
（ブルームバーグの資料を基に作成）

現状でも基軸通貨としての信任を維持しており、各国もその恩恵に預かっているのだ（ドル本位制）。このことは、米ドルの信認が保たれているという証拠であり、米国が金本位制に回帰するメリットがまったくないということ意味している。ニクソン・ショックや先の金融危機のようなことがあると必ずドル不安が台頭するが、米ドルに依存した体制が出来上がっている以上、米ドルの信認はそう簡単には失われない。

〝紙キレになりそうな通貨〟第一位は〝円〟

そんな米ドルとは対照的に信認が早々に喪失してしまう危険性があるのは日本円だ。

「日本は、財政支出を中央銀行の紙幣増刷で賄う『ヘリコプターマネー』にすでに手を染めており、世界最悪の公的債務を高インフレで解決する可能性が高い」（米ブルームバーグ二〇一六年五月二七日付）――早稲田大学のファイナンス総合研究所で顧問を務める野口悠紀雄氏はこう断言する。野口氏は日銀が導入した現行の「異次元緩和に基づく国債買い入れは残存期間が長い国債を銀行が右から左に売れるようになったので、事実上の日銀引き受け。財政法第五条の脱法行為だ」と糾弾。そして、「ヘリコプター・マネーは非生産的な用途に使われるようになる。歴史上、ずっと続けられた試しはない。必ず最後はインフレになって破綻している。インフレで希薄化せずに債務問題を解決できた例は皆無ではないが非常に少ない」と指摘。「（金融政策に）出口がなければ、日本がそうなる可能性は非常に高い」（同前）と警告した。

余談だが、日本の財政法第五条は、公的債務の日銀引き受けを禁じている（ただし、特別の事由がある場合には国会の議決を経た金額の範囲内なら例外だとしている）。

この指摘は極めて重い。野口氏は政府・日銀の財政出動と金融緩和が今後も続いた場合、「円の価値は非常に危うい」と指摘する。そして、「長期的な円安が傾向的に続く可能性は否定できない」とし、「日本経済の体力がどんどん弱っていけば、一ドル＝三〇〇、五〇〇、一〇〇〇円も十分に考えられる」と予想した。

間違いなく、日本円は「紙キレになりそうな通貨ランキング」でトップをひた走っている。直近の円高を見ていると信じられないかもしれないが、中長期的に考えると相当に危うい。それゆえ、日本の一部の投資家は金への投資を選好している。

歴史を振り返ると、不換紙幣はほとんどのケースで財政ファイナンスの恒久化によって信任を喪失している。より具体的には、戦費を調達するための財政ファイナンスだ。現在の日本は戦時体制にはないが、その代わりに社会保障費が際限なく膨張し続けている。日本政府が抱える公的債務は先の戦時中を上回っており、対GDP比で二四九・三％（二〇一六年時点。IMF試算）というのは世界で最悪の水準だ。日本は一九三〇年代に財政ファイナンスに手を染め、最終的にハイパーインフレに直面したが、現在も当時と似たような状況にある。

現在の日本政府には本気で財政再建に取り組む気概をまったく感じられない。この点は明確に欧米と異なる。これだけでも日本円が最初に紙クズと化すという理由としては十分だ。何度でも強調しておくが、インフレは、常に、そしてどこででも、政治的な現象なのである。

日本円が〝安全資産〟であるはずがない

経済危機が起きるたび、必ずと言っていいほど経済ニュースはこう言う——「安全資産である日本円が買われた」と。このセリフを聞いたことがないという人はいないはずだ。

実際、リーマン・ショックの際も東日本大震災の時も日本円は買われている。こうした傾向は直近でも変わらず、中国経済が変調を来たした時も先のブレグジット（英国のＥＵ離脱）の際も、例外なく円高が進行した。そこで、この項では改めてなぜ危機の際に日本円が買われるのかを論じてみたい。

結論から先に言うと、危機の際に日本円の需要が高まる最大の理由の一つには、日本経済がデフレ基調にあるということがある。言い換えると、日本円は安全資産だから買われるのではない。為替の原則の一つに、「インフレ基調の国の通貨は売られやすく、デフレの国の通貨は買われやすい」ということがある。これを「購買力平価説」と言うが、日本経済は長い間デフレ基調にあるため、日本円は危機の有無に関わらず常に買われやすい通貨なのだ。

そのメカニズムを簡単に説明しよう。たとえば、世界中に店舗を有するマクドナルドのハンバーガーが米国では一ドル、日本では一〇〇円で売られているとするならば、購買力平価説に基づく為替レートは一ドル＝一〇〇円だ。しかし、日本がデフレであって一年後にハンバーガーが九〇円に値下がりすれば、為替レートは一ドル＝九〇円となる。

もちろん、為替の動向は購買力平価説だけで予想できるほど単純ではない。ただし、物価の動向はやはり重要だ。デフレ基調にある日本円は常に買われやすい存在だということは覚えておいた方がいい。

逆に言うと、日本経済がインフレ基調に転じれば円は間違いなく売られやすい通貨となる。日本円が二〇一二年末から急速に売られ始めたのは、安倍政権が誕生してリフレ（インフレ）政策への期待が高まったためだ。二〇一六年からまた円高基調となっているのは、今まで高まってきたインフレ期待が急速に萎みかけていることが背景にある。すなわち、何かをきっかけにインフレ期待がまた高まるようなことがあれば、円安基調が返ってくる公算が高い。

もちろん、デフレ基調にあっても円が売られることもある。リーマン・ショック以前の相場が好例だ。日本円は、ショックが発生するまで売り基調にあったが、これは日本円が資金調達通貨としての性格を帯びているからである。

今でこそ世界中で金利は埋没しているが、先の金融危機が起こるまでは、世界を見渡しても日本の金利はずば抜けて低かった。突出した低金利で借りられる通貨は、資金調達通貨としての性格を帯びる。低金利通貨を調達して高金利通貨で運用する手法を「キャリー・トレード」と呼ぶが、リーマン・ショック以前は多くの投資家が金利の低い日本円で資金を調達した。その日本円を米ドルなどに換えて、それが最終的にシンセティックCDO（合成債務担保証券。サブプライム・バブル時に流行した金融商品）などのリスク資産に化けたのである。こうした理由で、日本円は〝売られ基調〟にあったのだ。

ところが、危機が起きると状況は一変する。それまでに借りてきた日本円を返済しようと、莫大な量のリスク資産が売られる（換金される）ことから円の需要が一気に高まるのだ。必然的に円高が進行する。リーマン・ショック以前は世界中でキャリー取引が活発化していたと言われ、その巻き戻しは相当な規模となった。そして、リーマン・ショック後に日本円は、過去最高値を付けている。

今までの話をまとめると、「デフレ基調にあって常に買われやすい通貨である日本円は、世界的に景気が安定している時こそ売られやすくなるが、ひとたび危機が起こると急速に買われやすい」ということだ。こうした性格を帯びているからこそ、日本円は安全資産（避難通貨）としてのイメージを持たれている。不安な時は購買力が下がりにくい（物に対して価値が下がりにくい）デフレ通貨を保有しておこうというわけだ。

インフレを利用した債務の帳消し

もちろん、こうした状況は常に変化しうる。繰り返しになるが、それは日本経済に対して将来的なインフレが想起された時だ。たとえば、日本政府が財政法を改正したりすれば、円は間違いなく売られるだろう。財政ファイナンス（財政インフレ）が惹起されるからだ。

先進国中では最悪の水準を誇る政府債務を抱える日本は、財政ファイナンスに極めて近い位置にあると言わざるを得ない。日銀の独立性は今のところ保たれているが、この数年で政府との距離は接近しつつある。中央銀行の独立性が侵害されたことで通貨危機に陥った国は、あまりにも多い。

たとえば、ハンガリーだ。二〇一一年末、欧州債務危機の余波を受けて窮地に陥ったハンガリー政府は、中央銀行への影響力拡大を画策。ＩＭＦやＥＵの警告にも耳を貸さず、ハンガリー議会は「新中銀法」を可決。ところが、格付け機関が相次いで同国をジャンク級（投資不適格）に引き下げたことから通貨であるフォリントが大暴落。非常事態に陥った議会は、即座に新中銀法を修正、中央銀行の独立を保つことを条件に何とかＩＭＦとＥＵから支援を取り付けることができた。

多くの日本人は、「ハンガリーと違い、先進国の日本が財政ファイナンスなどという愚行を犯すわけがない」と考えているだろう。しかし、政策手段の尽きた為政者が過度に金融政策への依存を深めるのは世の常だ。新興国であっても先進国であっても、こうした本質は変わらない。

金融政策におけるタカ派の論客として知られ、ＢＮＰパリバ証券でチーフエコノミストを務める河野龍太郎氏は次のように断じる――「デフォルトを避けようとすれば、理論的にも歴史的にも、公的債務の圧縮は財政調整かマネタイゼーションによるインフレ・タックスの二つの選択肢しかない」（ロイター通信二〇一四年一一月二〇日付）。

高率のインフレに日本経済が陥るリスクを常に抱えていると警鐘を鳴らす河野氏は、その根拠として日本経済が金融抑圧の道へと突き進んでいることを挙げる。金融抑圧とは、「投資家が好ましくない金利、つまり現行のインフレの水準を下回る金利で債券を購入せざるを得ないと感じる状況を政府が作り出し、国の債務を減らす助けをする」（英フィナンシャル・タイムズ二〇一二年五月一一日付）ことだ。簡単に言うと、インフレを利用した政府債務の帳消しであり、戦後の英国などが採用した手法である。

たとえば、名目金利が二％でインフレ率が一〇％の時の実質金利は、マイナス八％だ。すなわち、このような条件で国債を買った投資家は、マイナスの金利分を政府に支払うことになる。このように民間経済が長期間にわたる大幅なマイナス金利を甘受できれば、政府債務の劇的な圧縮が可能だ。

第二次世界大戦の戦費調達によって政府債務が国内総生産（ＧＤＰ）の二倍以上にまで膨れ上がった英国政府は、一九四五年からおよそ三〇年間も金融抑圧を実施して「インフレによる債務の帳消し」を成功させている。金融抑圧は、消費税などとは違って国民のコンセンサスを必要としないことから、別称は「インフレ・タックス」（インフレ税）だ。インフレ・タックスは債務を抱える政府には有利に働く一方、国民を困窮させる。

英国では三〇年間にわたって金融抑圧が実施された結果、経済は「英国病」と言われる長期停滞に陥った。『国家は破綻する』の著者であるカーメン・M・ラインハート米ハーバード大学教授の研究によると、一九四五年からの三五年間で英国政府が民間に課したインフレ・タックス（実質マイナス金利による税）の年間平均は対GDP比で三・八%という規模に達している。これを現在の日本に当てはめると、毎年七%から一〇%の消費税増税が実施されるようなものだ。想像を絶する重税と言ってよい。

日本人からすると、英国の例は決して他人事とは言えない。もはや説明するまでもないが、日本の政府債務は対GDP比で約二五〇%となっている。これは、どう考えてもソフトランディングできる水準ではない。すなわち、どこかの時点で混乱を招く「デフォルト」（債務再編）、過酷な「財政再建」（歳入増／

歳出減)、もしくは「金融抑圧」(インフレ税)のいずれかの選択を強いられる。こうなると、日本政府は金融抑圧を選択する可能性が極めて高い。財政再建は国民から反発されるし、デフォルトは国債が円建てである以上、あえて選択する必要はないからだ。

日本政府による金融抑圧というシナリオ

金融抑圧は国民のコンセンサスを必要としないが、実施にはいくつかのハードルがある。一つ目は、長期的にインフレ率より低い金利を維持できるかどうかだ。第二次世界大戦の復興過程では、ブレトン・ウッズ体制の下で金利は統制されていたため、英国や米国といった金融抑圧を実施した国は容易に金利を設定できたのである。その反面、現在は市場が金利を決定するが、日本や米国のように発行する国債が自国通貨建てであれば、中央銀行がマネーを刷って国債を引き受けることで低金利への誘導は可能だ。実際に、この手法で日米欧などの先進国は現在でも低金利を実現させている。

そしてもう一つのハードルが、インフレを用意できるかどうかだ。巨額の政府債務を目減りさせるには、年率にして四%~五%のインフレを数十年間にわたって維持しなければならないが、これは容易なことではない。日銀は二〇一三年から「なるべく早い段階で二%の物価目標を達成する」と意気込んでいるが、二〇一六年五月時点のインフレ率（総合）は前年同期比で〇・四%の下落。同じくデフレ懸念がつきまとっている米国（プラス一・〇%）よりも低い。これを無理やりにでもプラス圏に持っていこうとすると、ヘリコプター・マネーなど過激な刺激策に頼る必要が出てくる。こうなると、インフレ率が二・〇%を大きく超えてしまう可能性も否定できない。

仮に、インフレを用意できたとしてもさらなるハードルが待ち構えている。それは、国民がインフレ・タックスを受け入れるかどうかだ。金融が統制されていた戦後と違って、現代は資金を移動させることに制約はない。そのためインフレが顕在化すれば、国外へ資本が流出してしまう恐れがある。単純な話、国民がインフレを拒否しようと思えば、円を外貨に換えればよいのだ。

しかし、政府にも手がある。資本規制を導入すれば良いのだ。お隣の中国共産党などは、人民元の流出を防ぐために強権的な資本規制を導入している。「先進国の日本で資本規制など導入されるものか」と思うかもしれない。しかし、ギリシャやキプロスという前例もある。

結論からすると、財政法の改正などいくつかのハードルがあるものの、日本政府による金融抑圧は可能だ。というより、すでにその方向へとかじを切っている。そんな国の通貨が安全資産であるはずがない。私たちは長期間のデフレによって「円は安全」（価値が減価するはずがない）という錯覚に陥っているが、ファンダメンタルズがインフレに変わった途端、その前提はいとも簡単に崩れるだろう。

著名投資家のジョージ・ソロス氏は、政府と日銀が異次元緩和を打ち出した二〇一三年四月に次のような警告を発していた――「円が雪崩のように暴落しかねない」。これは、確実に財政ファイナンスを意識した発言である。その時のソロス氏は、米CNBCのインタビュアーが英ポンド危機を引き合いに出し「イングランド銀行の次は日銀を崩壊させるのですか？」と尋ねるとあざ笑いながらこう答えている――「日銀こそが（日本を）崩壊させたいと思っているのでしょう」。

昨今、日本政府に財政ファイナンスを推奨する海外の有識者が増えているが、その代表格である英国のアデア・ターナー卿（前FSA長官）は、ソロス・ファンド出資のシンクタンク「新経済思考研究所」ロンドン事務所上級研究員に迎えられている。私たちは、この意味をよくよく理解しておく必要がある。

「あえて中央銀行の独立性を侵害せよ」

今一度、インフレに関する大原則を確認しておきたい。それは、「インフレは、常に、そしてどこででも政治的な現象」だということだ。現在の日本はデフレ経済であり、ことあるごとに日本円は買われやすいという性質を帯びている。

しかし、為政者が本気で志向すれば、インフレを創出できるということを決して忘れてはならない。日本に財政ファイナンスを推奨するベン・バーナンキ前FRB（米連邦準備制度理事会）議長はかつて、インフレを作りたいなら「日銀はケチャップでも何でも買えばいい」と言い放った。確かにその通りである。法律を改正するなどいくつかのハードルはあるが、為政者が本気でモラルハザードを起こそうと思えば可能だ。それは、歴史が証明している。

前述したように、「あえて中央銀行の独立性を侵害せよ」と日本政府に提言している有識者は多い。これは端的に「インフレで政府債務を解決せよ」と言っているようなものだ。ジョージ・ソロス氏が活動をサポートしている前出のアデア・ターナー卿は、二〇一三年に香港で開かれたカンファレンスで次のようなことを話していた——「日本の国家負債は、通常の方法では返済されない。日本政府が稼いだ収入から借金を返済すると皆さんが思うなら、その可能性はゼロだ。この負債はマネタイズド（債務の貨幣化）されるか、リストラクチャ（再編）される他ない。それは高インフレによってオフセット（相殺）される可能性がある。それはつまり、日本国債を買っている人はインフレ率に照らして逆ザヤになることを意味する」。そう、公然と日本政府が金融抑圧に走るとの見解を示したのだ。

そんなターナー氏は二〇一六年五月二日、今度は日経ビジネス・オンラインで「日本はヘリコプターマネーを本気で検討せよ」と説いた。彼は確信している。「日本政府に残された道はインフレしかない」と。そして、その指摘はおそらく正しい。そう考えると、日本円は長期的に見て大幅に切り下がるというのが自然だ。そんな通貨が安全資産であるわけがない。

江戸時代にも行なわれていた〝ヘリコプター・マネー〟

「江戸時代には、幕府が小判の金の含有量を減らして流通させ、財源不足を補おうとすることがあった。庶民は、品質が劣化した小判が流通することを知ると、手元に金の含有量費の高い小判を置き、品位の落ちた小判を率先して手放した。これが、『悪貨が良貨を駆逐する』という現象である。現代においても、日銀の国債引受けが行われると、同じように『悪貨が良貨を駆逐する』現象が起こるだろう。個人は、円を信用しなくなり、資産保全のために率先して外貨を保有しようとする。キャピタル・フライト（資産逃避）である」（ダイヤモンド・オンライン二〇一二年四月四日付）。

第一生命経済研究所の経済調査部で主席エコノミストを務める熊野英生氏は、江戸時代のヘリコプター・マネーを引き合いに出しつつ、財政ファイナンスを「悪魔的手法」だと喝破した。

数年前までならヘリコプター・マネーなどと聞いてもぴんと来ない人がほとんどであっただろうが、昨今では当たり前のように紙面に登場している。そこで注目を集めるようになったのが、過去の事例だ。すると恐ろしいことに気付く。それは本章の冒頭でも述べているように、不換紙幣には失敗する運命しか待っていないということだ。商品を裏づけとした兌換紙幣に戻らない限り、価値を永続的に保つことができた紙幣は存在しない。

潜在的な価値は単なる紙でしかない不換紙幣の信認は、すべて発行体に依存する。普通に考えればわかるが、永遠に続く発行体（為政者）など存在するわけがない。栄枯盛衰と言うように、すべての発行体はどこかのタイミングで信認を喪失している。だからこそ、発行体の信認リスクがない金は遥か昔から重宝されてきた。

そこで、江戸時代のヘリコプター・マネーの例を見てみたい。江戸時代のヘリコプター・マネーとは元禄改鋳のことを指している。

時は元禄、第五代将軍徳川綱吉の時代に大きな経済的変革が訪れた。それは、兌換通貨から不換通貨への移行である。実践したのは、時の勘定奉行である萩原重秀だ。当時、江戸幕府は現代の日本政府よろしく財政が逼迫。ひどい浪費癖があったことで知られる綱吉の下、歳出が歳入の二倍にまで膨れ上がっていた。将軍が日光の参拝にすら行けないほど困窮していたという。

一方、庶民の経済はデフレ基調にあった。これは、金と銀がオランダ経由で海外に流出してしまったので小判を作ることができず、貨幣流通量が細ってしまったことに由来する。

そこで勘定奉行の萩原重秀は、突飛なアイデアを提案した。これこそが不換通貨への移行である。萩原は「幕府の信頼があれば、その幕府が発行する通貨は、瓦礫であっても保証されるはず」だと提言、小判に含まれる金や銀の量を減らして通貨発行量を増やす改鋳を実行した。

それまで使われていた慶長小判の金の含有量は約八五％（銀貨は八〇％）。それを金＝五七％、銀＝六四％まで減らし、およそ二枚の慶長小判で三枚の小判を作ることにした。増えた分の一部を幕府の収入としたため、財政は一気に改善する。また、貨幣ニーズに応えたため経済が活性化、まさにバブルと呼べる状態に突入した。元禄文化が開花したのもこの頃である。そのため、萩原に関しては「江戸の経済をデフレから救った人物」として評価する声が多い。

歴史を振り返ると、いわゆるデフレギャップ（需要不足）が埋まる過程で一時的に好景気が訪れているケースが散見される。高橋是清が昭和恐慌の時にリフレ政策を実行した時も好景気が訪れた。しかし、ヘリコプター・マネーの恐怖はその後にやってくる。

今一度、「インフレは、常に、そしてどこででも政治的な現象である」という言葉を思い出していただきたい。そう、政治の堕落によって通貨の発行が止まらなくなるのだ。元禄改鋳も例に漏れず、時を経て悪性インフレに転換してしまう。

元禄改鋳によって江戸幕府の財政は著しく改善した。当時の歳入は八〇万両ほどであったが、改鋳によって幕府は五〇〇万両以上の収入を得たと言われている。ところが、これに気をよくした徳川綱吉は、さらなる浪費を重ねるようになった。これに複数回の天災が追い討ちをかけ、幕府の財政はまたまた疲弊。すると、江戸幕府は改鋳を繰り返すようになる。こうなると、自然と庶民の幕府（発行体）に対する信認は薄らいでいった。やがて物価の上昇が止まらなくなり、人々の暮らしは困窮してしまう。

そして、過度な物価上昇の原因が「荻原重秀のインフレ政策（悪貨改鋳）にある」と痛烈に批判した新井白石が、デノミを強行（正徳の治）。これにより元緑バブルは完全に崩壊し、大不況が訪れた。バブル崩壊後の享保時代は「倹約の時代」と呼ばれ、庶民の暮らしはかつてなく地味になったという。戦国時代から続いていた人口増加も、享保時代に止まった。

戦前の高橋財政の際も、高橋は悪性インフレへの懸念から途中で財政ファイナンスを止めようとしたが、結果的に軍部が紙幣の増刷を止めなかったことから戦時インフレに発展している。このように、財政ファイナンスのもっとも恐ろしい点は「始めたら止められなくなる」ことだ。一時的に好況が訪れることもあるため、往々にして財政規律が失われてしまう。

日本は財政ファイナンスを繰り返してきた

実は、日本というのは財政ファイナンスの常習犯だ。歴史を振り返ること、日本では私たちが想像している以上に通貨の増発（財政ファイナンス）が繰り返されてきたことがわかる。

そこで、ある記事を紹介したい。ＪＰモルガン・チェース銀行で市場調査本部長を務める佐々木融氏が二〇一六年八月二四日付で英ロイター通信に宛てた寄稿だ。タイトルは「なぜドル円だけが三桁なのか」。ここに書かれていることはすべて事実だが、あまりにもショッキングな内容なので心して読んでいただきたい。また、あまりにも重要な内容であるため全文を引用させていただく。

先進国の対ドルレートを見ると、円だけ異なる点があることに気づく。他は整数が一桁だが、円の対ドルレートだけが三桁なのだ。実は、ドル円相場も最初は一桁だった。何しろ、もともとは一ドル＝一円だ。

円は、一八七一年（明治四年）に「新貨条例」という法律で日本の貨幣単位として採用された。純金一・五グラム＝一円と定められ、一円、二円、五円、一〇円、二〇円の金貨が製造された。

一方、米国のドルは七九年前の一七九二年に「貨幣鋳造法」によって公式に採用され、一ドル金貨の金の含有量が決められたが、一八七一年時点での日米両国の金貨幣の純金含有量を比較すると、日本の一〇円金貨が一五グラム、米国の一〇ドル金貨が一〇・〇五グラムではぼ同じとなっている。

つまり、円という通貨は、そもそも一ドル＝一円という価値になるように作られたと考えられる。

〈戦前にたどったヘリマネへの道〉

しかし、一八七七年に勃発した西南戦争の戦費調達のために、政府の不換紙幣が大量に発行されると、円の価値が下落し、一八九七年には一ドル＝二円程度まで円安が進んだ。

戦費調達のために、政府が紙幣を大量に刷って市中に供給した結果、円の価値が下がり、インフレ、他国通貨に対する円安を引き起こしたのだ。当時、東京のコメ価格は、四年間で倍になったと記録されている。

こうした事態を背景に、一八八二年、松方正義大蔵卿（現在の財務大臣）は、日本銀行（日銀）を創設。日銀が唯一の中央銀行として、本位貨幣（金貨や銀貨）と必ず交換する銀行券（兌換銀行券）を独占的に発行するという制度を作った。

一八九七年に公布された「貨幣法」では、「一円＝純金七五〇ミリグラム」と定め、五円、一〇円、二〇円金貨を鋳造した。一円は、当初定められた純金含有量のちょうど半分と同等の価値ということになったのである。

このような措置をとったのは、それまでの物価上昇を反映するためだった。そして、日銀が発行する兌換銀行券も、金貨と兌換することを定め、これによって日本の貨幣制度は完全に金本位制度になったのである。

こうした政策のおかげもあって、ドル円は一八九七年から一九三一年までの三四年間もの間、一ドル＝二円前後で安定的に推移した。

しかし、ここから事情が変わってくる。一九二九年一〇月二四日の米国での株価大暴落（暗黒の木曜日）を発端として世界的な大不況となり、他の主要国同様、日本でも物価が大幅に下落し、デフレに陥ったのだ。

この状況下、一九三一年一二月一三日に大蔵大臣に就任した高橋是清は、金の輸出を禁止し、日銀の発行している兌換銀行券を金貨に交換することを法律で制限した。つまり、金本位制度の停止である。

さらに高橋蔵相は一九三二年三月、金融関係者に対し、財政政策の拡張と満州事変の戦費調達のために、国債の日銀引き受けを実施する準備がある旨を伝えた。高橋蔵相の強い意向を受け、日銀も同意した。まさに、ヘリコプター・マネーが行われたわけだ。

〈一ドル＝一万円になったのと同じ衝撃〉

さて、この結果、円は暴落し、対ドルで二円前後から一九三二年一二月の四・八六円まで急速な円安が進行すると共に、日本はデフレから脱却した。

しかし、高橋蔵相は、経済が回復した後は当然、日銀引き受けを止めるつもりでいた。一九三五年一〇月に発表した一九三六年度予算編成方針では「公債漸減方針」を掲げた。

ちなみに、当時日銀は国債を直接引き受けていたが、引き受けた国債を市中に売却していた。直接引き受けは行っていなくとも、市中から購入した国債をそのまま保有し続けている現在の状況に比べると、直接引き受けていた当時の方が健全だったとも言えるかもしれない。実際、一九三六年当時の日銀のバランスシートの大きさは対国民所得費で二〇%であり、現在と比較しても極めて小規模にとどまっている。

日銀は引き受けた国債のうち、当初九八—九九%は市中で売却できていたが、一九三五年度には七七%しか売却できなかった。公債の市中消化が滞り、日銀が発行公債を背負い込む状況を受け、高橋蔵相は、公債政策の行き詰まりを指摘し、悪性インフレーションの弊害が現れることへの警告を発した。

もっとも、健全財政路線にシフトすることで、高橋蔵相は軍部と対立。一九三六年二月二六日に暗殺された（二・二六事件）。その後、公債漸減方針が撤回され、「対満州政策の遂行」「国防の充実」「農村の経済再生」「税制大改革」の名のもとに国債が野放図に発行され、戦争に突入していったことは歴史が示すとおりだ（国債発行額は一九三二年度の七・七億円から一九四五年度には三三四億円へと一三年間で四〇倍以上に膨れ上がった）。

そして、戦後の日本は復興資金を日銀信用により賄ったことなどにより、ハイパーインフレに悩まされることになる。一九四四年から一九五一年までの八年間の物価上昇率は年率平均プラス一〇〇％にも達した。こうしたハイパーインフレを受けて、ドル円は円安方向へと大幅に修正されたのである。

ちなみに、第二次世界大戦が勃発した一九三九年当時は、一ドル＝四・二五円程度だったが、一九四五年八月に戦争が終結すると、軍用交換相場として一ドル＝一五円に設定され、一九四七年三月にはこれが一ドル＝五〇円に、さらに一九四八年七月には二七〇円に引き上げられた。そして、一九四九年四月に、連合国軍総司令部（ＧＨＱ）が発表したレート（一般に利用される相場）は、一ドル＝三六〇円となった。

一ドル＝四・二五円だったドル円は、たった一〇年間で三六〇円までの大幅な円安になったということだ。これが先進国通貨の中で、ドル円だけが三桁になっている理由である。

要するに、日本という国は、たかだか八〇年ほど前に現在と同じような政策を採用しており、その結果が現代の為替相場に残っているのだ。四・二五円が三六〇円になるのは、一二〇円が一〇〇〇〇円（一万円）になるのと同じマグニチュードである。

後世の為替ストラテジストが、なぜドル円だけが五桁なのかを説明するときのキーワードは、「アベノミクス」「量的・質的金融緩和（ＱＥ）」なのだろうか。


（英ロイター通信二〇一六年八月二四日付）


すべての紙幣本位制は、商品を裏づけとする兌換紙幣に回帰しない限り、必ず失敗するという歴史の法則を、日本の例は如実に体現している。

ヘリコプター・マネーの擁護者の中には「インフレが高進しそうになれば、そのタイミングで通貨の増発を止めればいい」と論じる者も少なくない。しかし、通貨の増発を途中のタイミングで止められた試しはほとんどない。米国の独立戦争の時も南北戦争の時も、日本の西南戦争の時も第二次世界大戦の前も、すべて通貨の発行を止めることができなかった。

日本政府にヘリコプター・マネーを推奨しているベン・バーナンキ前ＦＲＢ

議長でさえも、「紙幣は本質的にインフレを招きやすい本質を持つ」と財政ファイナンスの危険性を認めている。また、アデア・ターナー卿も「政府が一度OMF（財政ファイナンス）に手を出すと、今度は無規律かつ行き過ぎた形でもう一度使いたくなる」（英ロイター通信二〇一五年九月三〇日付）とその危険性を示すほどだ。だからこそ、ターナー卿は中央銀行を守る法律を制定した上でヘリコプター・マネーを導入するよう提言している。

しかし、歴史を見る限りだと難しい。為政者は、一度打ち出の小槌を持ってしまうとそれは手放したくなくなるのだ。これこそが人間の性《さが》というものであり、これは時代が変わっても変わらない。だからこそ、完全に成功した紙幣本位制は存在しないのだ。

不換紙幣の信任喪失に備える

「われわれは究極的には不換紙幣への信頼の喪失という紙吹雪の時代に向かっ

ている。中央銀行は不換紙幣を守ろうとして、実は信頼を失墜させている」（米バロンズ誌二〇一六年八月二日付）。「ウォール街でもっとも優れたアナリストの一人」とバロンズ誌が評するジム・グラント氏は、こう断言する。

一九七一年八月一五日のニクソン・ショック（金・ドル本位制の破棄）を境に、世界の主要国のすべてが紙幣本位制となった。グラント氏を含め複数の有識者は、この紙幣本位制がいよいよ崩壊に差し掛かっていると考えている。著名投資家のジョージ・ソロス氏などもその一人で、彼は最近、リスク・ヘッジとして金への投資に余念がない。

繰り返しになるが、世界的にデフレへの懸念が強まっている最中にインフレ対策の代表格である金の価格が高止まりするのは、主要国が一斉に通貨の切り下げ（金本位制からの脱却）に動いた一九三〇年代振りのことだ。ソロス氏のように金への投資を推奨する向きは、間違いなく将来的な不換紙幣の信認喪失に備えている。

ドル、ユーロ、円で比較した場合、もっとも早い段階で信認を失う不換紙幣は確実に円だ。日銀のバランスシートは対GDP比で九〇%に迫っており、米国（二四%）やユーロ圏（三一%）と比べても金融政策の出口にもっとも遠い。そして、日銀こそが財政ファイナンスにもっとも近い場所に位置している。その後にユーロ圏が続く。ただし、ユーロ圏にも財政ファイナンスの懸念はくすぶるが、財政規律を重要視するドイツの存在がある。ドイツは戦前の教訓から明確に財政ファイナンスに反対しており、ユーロ圏にとっては強力な歯止めとなる可能性が高い。

その点、米国は主要国中でもっとも健全だ。リーマン・ショック以降の米国は率先して財政赤字を減らしており、大規模な戦争などよほどのことがない限りは財政ファイナンスを実行する必要性はないと言える。米国もかつて、政府（不換）紙幣によって二度もハイパーインフレを経験しており、財政ファイナンスに対する危機感は強い。

それは、FRBのジャネット・イエレン議長の言葉にも表れている。イエレン氏は二〇一六年六月一五日の記者会見で、中央銀行が金融政策で政府の財政を支えるような事態は「極めて異常で極端だ」と財政ファイナンスの導入論を明確に廃した。中央銀行が国債の買い入れなどで紙幣を増刷するヘリコプター・マネーによって、「ハイパーインフレに陥った国はあまりにも多い」と指摘。一部で財政ファイナンスが議論されていることに対しては、「学術的議論でも異常な状況だ」と一蹴した。

政府は時に暴力装置と化す

やはり、日本が財政ファイナンスにもっとも近い場所に位置している。日本の公的債務は先進国では最悪の水準となっており、財政再建のめども立っていないばかりか、政府の中にもヘリコプター・マネーを導入するよう働きかけている勢力が複数ある。流動性の罠（先行きへの見通しが暗いことから低金利でもお金を借りてくれない状況。低金利が経済の活性化に結びつかない状態）という観点から現行の金融政策ではインフレを創出することは難しいため、最終的には何らかの形での財政ファイナンスの導入を余儀なくされる可能性が高い。財政ファイナンスは財政法第五条を改定する必要があるが、第五条では「特別の事由がある場合には国会の議決を経た金額の範囲内なら例外」とされており、暫定措置として財政ファイナンスが導入されることも十分に考えられる。

繰り返し強調するが、財政ファイナンスは一度でも導入されれば、結局は恒久化する公算が高い。一時的に好景気でも訪れなどすれば、財政ファイナンスを恒久化しようという機運が高まるはずだ。財政法の改正が現実味を帯びることは、十二分にある。

「日本の行く末を憂慮し、国内で金地金を保有するのはリスクと考え、スイスに保管しておきたいという顧客は多い」（米ブルームバーグ二〇一六年七月八日付）。金地金のオンライン取引を手がける英ブリオンボールトの日本市場責任者、ホワイトハウス佐藤敦子氏はこう語る。佐藤氏は、米国では大恐慌の際に金（ゴールド）の保有が禁止されたことから「米国の顧客のほとんどが自国内に金を保管しない」とした上で、「こうした動きが日本でも起きている」と指摘。

「異例のマイナス金利導入や財政の先行き不安などから、資産の一部を金として海外で保管したいとの関心が高まっている」（以上同前）という。ブリオンボールトでは、二〇一六年前半の日本からの資金入金件数が、二〇一五年後半と比べ六割も増加したそうだ。

このように、日本人の一部は将来的なヘリコプター・マネーや預金封鎖といった事態を懸念している。無理もない。先進国ではそんなことは起こるはずがないと思いたいところだが、古今東西、為政者は時に暴力装置と化す。〝無い袖は振れない〟のだ。手段がなくなれば、結局は「インフレでチャラ」を選択してしまう。

今一度、思い出して欲しい。インフレーションという言葉の語源をだ。それは、米国の南北戦争時に政府紙幣を過剰発行してしまった教訓に由来する。そう、インフレは常に、そしてどこででも、政治的な現象なのだ。

第二章

一ドル＝三六〇円から九九円までのトレンド

一九四九年、大相撲一五日制と一ドル＝三六〇円が始まった

本章は、まずちょっとしたクイズからはじめよう。大相撲で幕内全勝優勝した回数が一番多いのは、一二回を数える白鵬。では、二番は誰？　全勝優勝回数八回を数える第二位は二人いる。一人は大鵬。そして、もう一人は双葉山だ。双葉山は戦前六九連勝といういまだ破られない記録を打ち立てた不世出の大横綱である。では、引き続いてもう一問相撲クイズ。双葉山が一五戦全勝優勝をしたのは何回か？　全勝優勝回数と同じ「八回じゃないの？」と思われた方が多いだろうが、正解は三回だ。どういうことかというと、戦前から終戦直後にかけて、大相撲は一五日制でないことが多かったからだ。一五日の場所もあったが一三日の場所もあり、昭和に入ってから一番多かったのは一一日制だった。現在の一五日制が定着したのは、一九四九年（昭和二四年）の五月場所からだ。

さて、大相撲が完全に一五日制となった一九四九年（昭和二四年）の春、ほ

ぼ時を同じくして始まったのが「一ドル＝三六〇円」という固定為替制度だ。一九四九年当時、日本はまだ連合国軍（事実上米軍）の軍事占領下にあった。その連合国軍最高司令官総司令部（ＧＨＱ）は一九四九年四月二三日（土曜日）、一ドル＝三六〇円という為替レートを決定し、二五日（月曜日）からただちに実施された。この三六〇円という固定相場は、その後一九七一年八月のニクソン・ショックを迎えるまで二〇年以上の長きにわたって続いたのである。

さて、ここでもう一つクイズだ。今度は経済のクイズ。「一ドル＝三六〇円」の固定相場が採用される約二〇年前の一九二九年（昭和四年）七月、濱口雄幸内閣が誕生する。大蔵大臣は井上準之助。この濱口・井上コンビによって、わが国は金解禁（金本位制復帰）し、為替は固定相場になったのであるが、その時のレートは一ドル＝何円か？　これは、第一章をしっかり読んでいる方でなければなかなか難しいのではなかろうか。普通は想像がつかないであろう。答えは「一ドル＝二・〇〇五円」である。この金本位制による固定相場であったのは、一九三〇年（昭和五年）一月一一日から一九三一年一二月一三日まで。

長期チャート

ドル／円相場

※ 1949 年から 20 年以上、1 ドル＝ 360 円の時代が続いた。

わずか二年足らずであった（つまり大失策だった）わけだが、それよりも驚かざるを得ないのは、その一八年後には三六〇円になっているということである。約二円から三六〇円に、対米ドルでの円の価値は一八〇分の一になってしまったのである。なぜそんなことになってしまったのかは、賢明な読者にはもうおわかりであろう。第一章でも述べた通り、敗戦直後の日本はハイパーインフレに見舞われたからである。

円は丸くて三六〇度だから三六〇円になった？

では、なぜ一ドル＝三六〇円になったのか？　俗に「円は丸くて三六〇度だから三六〇円になった」などという話があるが、これは池田勇人政権で大蔵大臣だった田中角栄が国会で「なぜ一ドル＝三六〇円なのか」と質問され、「円は三六〇度でありますから、三六〇円なのです」と答えたことに由来するようだ。

しかし、これはもちろん冗談である。実際には、日本占領の絶対的な権力者であったマッカーサーと米本国の世界戦略がからむ壮大なドラマの中で、一ドル＝三六〇円は決定されたのであった。本章は、意外と知られていない三六〇円決定秘話から始めていこう。

一九四一年、太平洋戦争に突入すると、わが国の貿易はいわゆる「大東亜共栄圏」内にほとんど限定され、その他はドイツ・イタリアなどとの間に若干の取引関係が残るだけとなった。為替も同盟国および中立国の通貨との公定相場だけが告示されるようになり、ドル／円相場は消えた。

そして敗戦。国土は無差別爆撃によって焦土と化し、食べものも着るものも住むところもなく、ハイパーインフレに見舞われ、円の価値は紙クズと化し、物々交換さえ当たり前に行なわれていた。そんな状況下であったが、それでも一九四五年九月からドル／円の為替レートは復活していた。占領軍の軍用レートである。占領軍が日本で買い物をするには、当然円が必要だ。だから、そのための軍用交換レートがあったのである。一九四五年九月、そのレートは一ドル＝一五円でスタートした。しかし、ハイパーインフレが進む中、円の価値はどんどん下がっていく。一年半後の一九四七年三月には一ドル＝五〇円になり、そのレートもすぐに実情に合わなくなっていった。そこで一九四八年四月二一日、マッカーサーは米本国の陸軍省に電信を送った。軍用レートを至急変更して欲しいと。一ドル＝三六〇円決定への物語は、このマッカーサー電信から始まるのである。

絶対権力者マッカーサーとヤング使節団

アメリカ政府では、五月六日に国務省が中心になり、財務省・陸軍省が加わってマッカーサーの要請を検討した結果、この際軍用レート改定にとどまらず、一般商業用レートの設定を行なうべきであるという結論に達した（アメリカの国務省とは、米国政府において外交政策を司る行政機関である）。そして、連邦準備制度理事会（ＦＲＢ）調査統計局次長ラルフ・ヤングを団長とする「円外国為替政策に関する特別使節団」（ヤング使節団）を日本に送り込んだ。

ヤング使節団は六月一二日に報告書を提出し、一ドル＝二七〇円〜三三〇円の間で〝単一レート〟を設定するよう提言した。

〝単一レート〟とはどういうことか？　実は当時、日本の輸入と輸出とでは、異なる為替レートが使われていたのだ。当時は貿易といっても援助物資の受け入れが主であり、それを補完する形で必要物資の輸入と輸入をまかなうための輸出が政府管理で行なわれていた。援助物資などの輸入物資は価格を抑えるために円高レート、輸出物資は少しでもマージンを稼げるように円安レートが適用されていたのだ。しかし、普通に考えてこんなうまい話はあり得ない。これを一見可能にしていたのは「貿易資金特別会計」であった。要は、この特別会計で輸入にも輸出にも補助金を出していたようなものだったのである。だから当然、貿易資金特別会計は大幅な赤字に陥り、この赤字は日銀借り入れによりファイナンスされ、インフレを高進させる一因にもなっていた。それを抜本的に改めるために、単一レートにするようヤングは提言したのである。

これに対し、当初ＧＨＱは強く反発した。そもそもマッカーサーは軍用レートを変えてくれと要請しただけで、社会的に混乱を招くそんな大掛かりな経済制度変更などやる気はなかった。占領当局としては無用な混乱は避けたいと考えるのは当然であろうし、そもそもマッカーサーは軍人である。経済政策になどさしたる関心はない。それに、マッカーサーには米大統領トルーマンから米国史上空前の全権が与えられていた。「天皇と日本政府の統治権は、連合国軍最高司令官としてのあなた（マッカーサー）に隷属する。あなたは、あなたの権力を思う通りに行使できる。私たちと日本の関係は条件付きのものではなく、無条件降伏に基づいている（Our relations with Japan do not rest on a contractual basis, but on an unconditional surrender.）。あなたの権力は最高であり、日本側に何の疑念も抱かせてはならぬ」「出した命令は武力行使も含め必要と思う方法で実施せよ」。当時、連合国最高司令官政治顧問団特別補佐役としてマッカーサーを補佐していたウィリアム・ジョセフ・シーボルドは「ものすごい権力だった。アメリカ史上、一人の手にこれほど巨大で絶対的な権力が握られた例はなかった」と評した。それほどの絶対権力者だったのである。

日本占領政策における絶対権力者・マッカーサーはヤング使節団に不満で、「なぜこんな使節団をよこしたのか」と本国に打電したほどだった。しかし、米本国では一九四八年一〇月七日に日本の経済復興を目標とする新たな対日基本政策が決定される。対日経済援助予算の実質的な決定権を持つＮＡＣ（国際通貨金融問題に関する国家諮問会議）は、マッカーサーをはじめとするＧＨＱの非協力的な姿勢に業を煮やし、一二月三日、経済安定政策の実施を条件として対日援助支出に同意する決定を行ない、米陸軍省はＮＡＣの決定を受け入れた。

一二月一一日には、アメリカ大統領の緊急時「指令」の形で、ＧＨＱに対し三ヵ月以内に単一レート設定を求める「経済安定九原則」の指令が出された。日本の占領統治に絶対的に君臨していた連合国軍最高司令官マッカーサーの意向に反して、米本国は対日政策を日本経済復興へと大きく舵を切っていたのだ。

急激な冷戦の進行が一ドル＝三六〇円を生んだ

なぜ、アメリカは日本経済復興を志向するようになったのか。国際情勢の変化がその背景にあった。一九四七年九月初旬、アメリカ中央情報局（ＣＩＡ）は、日本経済の重要性を明確に認識し、第一回国家安全保障会議に「占領の終結後、日本の経済問題が未解決であれば、ソ連の猛烈な浸透が容易になるであろう。ソ連の支配下での日本の復興は、中国と太平洋地域におけるアメリカの戦略的地位を脅かすであろう」と警告した。さらに一九四八年三月、ＣＩＡは、中国大陸での蒋介石の国民党政府の崩壊は「間違いなく六ヵ月以内」と予見していた。まさにその予見通りになって行くのであるが、この冷戦の高まりによって、日本経済の復興を急ぎ西側資本主義陣営に取り込むことが、米国の世界戦略の一環になっていたのである。

ここまでされれば、マッカーサーといえども従う他はない。ＧＨＱの経済科学局（ＥＳＳ）に為替レート特別委員会が設けられ、単一レートの検討作業が始まり、翌一九四九年一月一一日、一ドル＝三三〇円案を作成するに至る。ＧＨＱは二月一日に来日したＧＨＱ経済顧問ジョセフ・ドッジ（デトロイト銀行頭取）の承認を得て、三月二三日に米本国の陸軍省に三三〇円案を送った。このＧＨＱ案は、ＮＡＣの審議にかけられた。審議の結果、ＮＡＣはＧＨＱに対し三六〇円レートを強く勧告し、ＧＨＱ案を変更するよう求めた。

この審議の時、三六〇円への修正をもっとも強く推したのは米外交を取り仕切る国務省だった。一九四七年、ジョージ・マーシャル国務長官によって国務省に新設された政策企画本部の初代本部長には、それまでモスクワの米国大使館付参事官であったジョージ・ケナンが就いていた。一九四六年、ケナンはソ連の行動を詳細に分析する通称「長文電報」を米本国に送り、これがトルーマン大統領の外交政策「トルーマン・ドクトリン」＝共産主義封じこめ政策に大きな影響を与えた。一九四七年三月、トルーマン大統領は議会に対し、当時共産主義者の破壊活動と闘っていたギリシアおよびトルコ両政府を支援すべく、四億ドルを承認するよう要請した。トルーマンは「武装した少数者または外圧による支配の企てに抵抗している自由な諸国民を支持する」と誓った。この誓約がトルーマン・ドクトリンとして知られるようになるのであるが、第二次世界大戦の終結からわずか数年で、「自由な諸国民」の敵は日独伊から共産主義勢力に一変していたのである。冷戦は一気に進んでいた。当時大蔵省官房長であった渡辺武氏は、「日本はますます経済的自立を急ぐ必要が強まった。一ドル＝三六〇円は中国共産党のおかげともいえる」と述懐している。

さて、話はもう一度ＧＨＱのマッカーサーに戻る。マッカーサーはおもしろくなかった。ＧＨＱの経済科学局の中にわざわざ特別委員会を設けて検討し、経済顧問のドッジの承認も得て米本国の陸軍省に送った三三〇円案である。そこまでやって、それがクレームを受けるなどというのは、対日占領の絶対権力者であるマッカーサーにとって納得いくはずがなかった。マッカーサーはＮＡＣの勧告を退けて、あくまで三三〇円レートを採用する意向であり、三月三〇日「三三〇円レートが適切であるという結論に達し、ＧＨＱから公表する予定である」旨、陸軍省に回答した。しかしこれに対して、四月一日、国務・陸軍両省からＧＨＱ宛にＮＡＣ決定の履行を促す電信が届く。

この時、米本国とマッカーサーとの間に入ったのは経済顧問のドッジであった。ジョセフ・ドッジはデトロイト銀行頭取であり、金融経済の専門家である。ドッジは専門家の立場から、また間に立ってことをうまく収める立場から、以下のような理由を述べてマッカーサーを説得した。専門家の立場からは、①三六〇円への変更は若干インフレを助長する面もないとは言えないが、物価・賃金水準にはほとんど影響は与えないだろうこと。②円安レートは輸出を促進するという望ましい効果を生み、輸出補助金の削減を容易にすることなど。一方、調整役の立場としては、③ＮＡＣの三六〇円の勧告は、ＧＨＱの基本原則を受け入れたものであり、何らＮＡＣとＧＨＱの対立を意味するものではないこと。④ＮＡＣの勧告を受け入れれば、アメリカ政府はこれまで以上にＧＨＱの施策を支持する義務を負うことになり、それは経済改革という困難な任務を遂行するＧＨＱにとって戦略的に重要であることなど。専門家として理詰めに説得するだけでなく、ＧＨＱの立場も考えたなかなかの調整役ぶりであった。かくしてマッカーサーも同意せざるを得ず、一九四九年四月二五日から一ドル＝三六〇円はスタートしたのであった。

ところで、読者は最初に出されたヤング・レポートの「二七〇円～三三〇円の間」と最終決着の「三六〇円」とではずいぶん開きがあると感じないだろうか。その理由の一つはもちろん輸出促進であるが、それ以上に大きいのはヤング・レポートは一九四八年一〇月からのレート設定を想定していたことにある。実際にスタートしたのは翌四九年四月二五日からであったから、半年以上のずれがあった。その間、当然インフレが進行していたのである。

なお、三六〇円はずいぶん円安のように感じられるかもしれないが、これが一九四九年時点で割安だったかに関しては、割安説もあるが割高説もあって定まっていない。なぜかと言うと、当時の日本の物価は広範な統制価格とヤミ価格が混在しており、物価指数がどこまで実態を反映しているのかの判断は極めて難しかったのだ。ただこれ以降、輸出が伸びたのは事実である。輸出額は一九四八年には二・五八億ドルだったものが、四九年には五・一〇億ドル、五〇年には八・二〇億ドル、五一年には一〇億ドルを超えて一三・五五億ドルと急増する。もちろんこれは、一九五〇年から始まった朝鮮戦争にともなう朝鮮特需の恩恵に与る部分も小さくない。

ニクソン・ショックはなぜ起こったか

朝鮮特需によって息を吹き返した日本経済は、その後「東洋の奇跡」（英語では「Japanese miracle」）と呼ばれる高度成長を遂げる。一九五五年（昭和三〇年）から一九七三年（昭和四八年）の一八年間は、年平均一〇％以上の経済成長を達成し、その間一九六八年（昭和四三年）には国民総生産（ＧＮＰ）が当時の西ドイツを抜き、世界第二位となった。それを支えたのが貿易であった。輸出も輸入も、一九七〇年代初頭までは年平均一五％以上の伸びは当たり前で、前年比伸び率が二〇％を超える年も珍しくなかった。ただし、戦後復興期の一九五〇年代までの貿易構造は、繊維原料を輸入し繊維製品を輸出するという戦前のパターンを踏襲するものであった。輸出に占める繊維製品の割合は、一九五四年（昭和二九年）には四割を超えていた。

しかし、その後次第に「産業構造の高度化」が進展する。鉄鋼・機械・船舶など重化学工業品が増加。一九五九年（昭和三四年）には輸出に占める比率で重化学工業品が初めて軽工業品を上回った。一九六五年（昭和四〇年）、重化学工業品の輸出比率は六二％となり、そしてこの年戦後初めて貿易黒字を計上した。この頃から、電気機器や輸送機械を中心とする機械部門と金属・鉄鋼部門は、品質・性能・コストの面から日本産業のもっとも競争力の強い部門となり、それらの生産物は日本の輸出増大を担う主力品目となった。六〇年代後半、輸出は年率一九・三二％も増加し、貿易収支は構造的に黒字となった。同時期、先進工業国貿易の平均伸び率は一一％であったから、これは日本の輸出シェア拡大を意味すると共に、欧米諸国との間との貿易摩擦発生を意味するものでもあった。こうして迎えるのが、一九七一年八月のニクソン・ショック（ドル・

ショック）である。

ニクソン・ショックについて述べる前に、まず戦後のブレトン・ウッズ体制について簡単に説明しておこう。一九四四年七月、アメリカのニューハンプシャー州ブレトン・ウッズに連合国代表が集まり、連合国通貨金融会議（通称「ブレトン・ウッズ会議」）が開催された。この会議では、国際通貨基金（ＩＭＦ）・国際復興開発銀行（ＩＢＲＤ）の設立が決定され、戦後の国際金融・経済体制の基本が定められた。これをブレトン・ウッズ体制という。

ブレトン・ウッズ体制は、戦前のブロック経済への反省から生まれた。一九二九年の世界恐慌の後、資本主義諸国は自国経済をまず第一に守らんとし、自国を中心としたブロック経済内での保護貿易を推し進めた。「持てる国」である英米は、イギリスは世界各地に存在する旧植民地を囲ったスターリング・ブロック経済圏を、アメリカは南北アメリカのドル・ブロック経済圏を構築した。一方、後発の「持たざる国」である日独は、自国の勢力範囲を拡大せんとし、それが第二次世界大戦を引き起こす一因となった。その反省に基づき、為替相場を一定に保つことによって通貨安競争に陥ることを防いで世界貿易を発展させ、世界の安定的平和を目指そうとしたのがブレトン・ウッズ体制であった。

ブレトン・ウッズ体制の特質は、金の裏付けを有する米ドルを基軸とした固定為替相場制である。「金・ドル本位制」とも言えよう。世界の基軸通貨・米ドルの価値は金一オンスを三五米ドルと定め、その米ドルに対し各国通貨の交換比率を定めた。日本円の場合であれば、一ドル＝三六〇円（変動幅プラスマイナス一％）に固定されたことは、前述した通りである。この仕組みを可能にしたのは、アメリカの圧倒的な金保有高であった。ヨーロッパ諸国は、敗戦国のみならず戦勝国でも被害は甚大で、疲弊しきっていた。それに対してアメリカは、国内の被害はほとんどなく財政も潤沢で、全世界の金保有の約七割がアメリカに集中していた。これによって、世界各国の通貨価値は最終的には金に担保される金・ドル本位制によって安定的に定まったのである。

アメリカの金保有高は、終戦直後の一九四五年から一九五〇年代までは一万七〇〇〇トン台から二万一〇〇〇トン台で安定していた。しかし、六〇年代に入ると急速に減少し始める。その要因はベトナム戦争の膨大な出費などいくつかあるが、世界経済の構造変化も大きかった。第二次世界大戦後、ヨーロッパ各国や日本は輸入超過が続きドル不足に苦しんでいたが、アメリカによる経済援助によって復興への足がかりを得る。経済の復興を遂げると、六〇年代には逆に輸出を増やして行き、各国ともドル不足を解消。むしろドル過剰の状況となった。その象徴的存在が、わが国と西ドイツである。一九七一年にはアメリカは日独などからの製品輸入が増大したため、実に一〇〇年振りに貿易収支が赤字に転落した。アメリカの金保有高は、一九七〇年末には一万トンを割って九八三九トンとなり、七一年に入っても事態は好転しなかった。一月から八月までに、七一〇トン九三六キロの金が流出した。

アメリカでは公定価格で一〇〇億ドル（純金換算八八八六トン七〇六キロ）以上の金保有を絶対条件としていたが、これを割り込む恐れが出てきた。そしてついに、その時が来る。一九七一年八月一五日夜、ニクソン大統領は全米向けのテレビ・ラジオ放送の中で「金・ドル交換停止」を一方的に発表したのである。この金・ドル交換停止は、米国議会にさえ事前に知らされておらず、全世界に衝撃を与えた。

わずか一年三ヵ月の命だったスミソニアン体制から変動相場制へ

ニクソン・ショック後、為替は固定相場制から変動相場制へと移行する。それが今日まで続いているのかというと、そうではない。そう簡単に、二十数年間も続けてきた安定的な固定相場制から変動相場制へと移れるものではないのだ。世界各国は次なる通貨制度を定めるために、一九七一年一二月一七日〜一八日、ワシントンD.C.のスミソニアン博物館で先進一〇ヵ国蔵相会議を開催した。この会議に先んじて、アメリカは金と米ドルとの固定交換レートを一オンス＝三五米ドルから三八米ドルへ引き上げ（米ドルの七・九八％引き下げ）ることで合意し、そしてスミソニアン会議では、次のようなことが決められた。

固定相場制を維持しつつ、それまでの変動幅を上下一％から二・二五％に拡大すること。そして、米ドルと各国通貨との新たな交換レートも決められた。

ここで、もっとも難航したのが円の切り上げ幅だった。ニクソン・ショック後の変動相場におけるドル／円レートは、七一年九月末が一ドル＝三三四円二一銭（旧平価比七・二％円高）、一一月末は三二七円六五銭（同九・〇％円高）となだらかに円高に向かい、会議直前でも三二〇円六〇銭（同一〇・九％円高）という水準であった。こうした状況を背景に、日本側は切り上げ幅は一四％〜一五％が限度であると主張したのに対し、アメリカ・ヨーロッパ側は最低限一七％程度の切り上げでないと納得できないと鋭く対立した。日本が強硬に主張を通せば、会議は決裂しかねない状況に陥ったのである。日本側は会議の決裂を避けるため、アメリカにも根回しした上で一ドル＝三〇八円、一六・八八％の切り上げを提案し、これが承認された。

日本円の新レートが決定すると、ドイツ・マルク以下、他の通貨のレートも決まっていった。日本以外の国では、西ドイツが一三・五％、英仏が八・五七％、オランダが一一・五七％、イタリアが七・四八％、それぞれ米ドルに対する切り上げとなった。西ドイツはそれまでに何度か切り上げを行なっていたこともあるが、日本の切り上げ幅は各国通貨の中でもっとも大きいものとなった。世界は貿易大国・日本を脅威と見、敵視するようになってきたのである。

こうして一九七一年一二月から再び始まった固定相場制（スミソニアン体制）であったが、それはわずか一年三ヵ月で終焉を迎える。世界経済の変化は、スミソニアン協定程度で収まるものではなかったのである。各国政府はスミソニアン協定で決められたプラスマイナス二・二五％以内の幅に為替相場を維持するのに苦労していたが、もはや限界であった。ドル／円相場でいえば、貿易黒字を中心とした国際収支の黒字累増を背景に円相場は騰勢《とうせい》を強めた。七二年二月下旬には、一ドル＝三〇一円九〇銭に急騰。あまりの激しさに、為替市場は七二年六月と七三年二月の二度にわたって閉鎖された。

そして七三年二月一四日、ついに日本は変動相場制へ移行したのである。

変動相場制とオイルショック

変動相場制に移行後、円は一段と買い進まれ、一時一ドル＝二六三円台まで上昇。その後も秋口まで二六四円〜二六五円台で推移する。事態を一変させたのが、七三年一〇月六日に勃発した第四次中東戦争を契機とする第一次オイルショックであった。石油輸出国機構（ＯＰＥＣ）加盟国のうち、ペルシャ湾岸六ヵ国は原油公示価格を一〇月半ばから一二月下旬にかけて三・八七倍に値上げした。わが国の経常収支は七三年〜七五年、一転して赤字に陥る。それに合わせて円相場も月中平均で見ると七四年一月には二九七円五二銭まで下落し、その後二七〇円台まで戻すものの七四年八月には三〇〇円台となり、以降七六年末頃まで二八〇円台後半から三〇〇円台というレンジでの安値安定期が続いた。

第一次オイルショックに見舞われた日本経済。しかし、当時まだわが国経済は力強かった。オイルショックの影響は当然全世界におよび、世界貿易の実質的増加率は七四年には五％、七五年には二・七％に低下してしまった。そんな中で、わが国はその打撃をすみやかに吸収し、貿易収支は七五年に五〇億ドル、七六年には九八億ドルの黒字を計上した。この時期、輸出に占める構成比率を大きく伸ばしてきたのが自動車である。自動車が輸出に占める構成比率は、六五年（昭和四〇年）にはわずか二・八％に過ぎなかったが、七六年（昭和五一年）には一三・二％にまで高まった（これは近年の構成比率とほぼ同水準である）。七六年（昭和五一年）の自動車輸出対前年増加率は、実に四三・八％に達した。

石油危機を乗り越えて輸出を伸ばす日本経済を背景に、一九七七年（昭和五二年）から七八年（昭和五三年）にかけて再び急速な円高が進行し、七八年一〇月末には二〇〇円を大きく割って一七六円を付ける。この時はカーター米大統領のドル防衛策によって再び二〇〇円台に戻し、以後八五年（昭和六〇年）まで主に二〇〇円台半ばで推移するのであるが、八五年、事態は一変する。

この年、「プラザ合意」があった。八五年九月二二日、ニューヨークのプラザホテルで先進五ヵ国（米英仏独日）蔵相・中央銀行総裁会議（G５）が開催され、ドル高是正について合意した。とりわけ、アメリカの対日貿易赤字が顕著であったため、実質的には円高／ドル安に誘導する内容であった。このプラザ合意以降、わが国は徹底的に円高に苦しめられることになる。ここでは、プラザ合意に至る前史から見ていくことにしよう。

金融の黒船到来！——日米円・ドル委員会からプラザ合意へ

アメリカの貿易収支は、七〇年代以降一貫して赤字を続けてきたが、八〇年代に入ると急速に赤字幅を拡大する。とりわけ対日貿易赤字は八一年には一五八億ドルを計上し、アメリカの貿易赤字に占める比率は実に七〇％を超えた。その後、率こそ下がるものの金額ベースでは大幅な増加を続け、八三年には一九三億ドルに達した。こうした動きを背景に、アメリカ国内では製造業を中心に不満が高まっていった。「円安／ドル高を是正させるべきだ」——そうした声を反映して作成されたのが、キャタピラー・トラクター社のリー・モルガン会長がまとめ、政府・議会関係者に配布したモルガン・リポートである。

当時、キャタピラーは日本の小松製作所を相手におおいに苦戦を強いられていた。「ドル・円の不整合――問題の所在と解決策」と題されたこのレポートは、アメリカの貿易収支は八〇年末以降急速に悪化したとの見方を示し、ドルは円に対して明らかに過大評価されており、一ドル＝二〇〇円ないしそれ以上の円高を適当とした。さらにレポートは、その為替水準に是正するために、日本側に対して実に細かく一一項目の政策的注文を提言していた。

八三年九月一九日付のこのレポートが米政権を動かしていく。八三年一〇月四日に開かれた米経済閣僚会議では「円・ドル相場について、何かやるべきだという声は、ホワイトハウス、国務省、商務省、通商代表部（USTR）、大統領経済諮問委員会（CEA）など、すべての出席者から挙がった」（当時のマクナマール財務副長官）。一一月九日には、レーガン大統領が来日して中曽根康弘首相との間で首脳会談が行なわれたが、中曽根首相は「大統領と私とは、円・ドル問題の重要性につき十分な意見の一致をみています。我々は為替レート問題および投資のそれぞれに関し協議の場を創設することに合意しました」との首相談話を発表。また、竹下蔵相・リーガン財務長官の名で共同声明も発表された。その中には、先物取引の「実需原則」を八四年四月一日から撤廃することなどが盛り込まれ、そして「円・ドル為替レート問題に関する日米財務当局者の合同作業グループ」を設けることを謳った（この合同作業グループの正式名は「日米共同円・ドル・レート、金融・資本市場問題特別会合」、通称「日米円・ドル委員会」と呼ばれ、八四年二月から五月にかけて六回の会合が行なわれた）。

ここで、「実需原則」の撤廃について簡単に説明しておこう。それまで日本の為替管理制度においては、「実需原則」が採用され、経常収支の取引（実体取引）にともなう先物取引については自由であったが、実体取引と直接対応することのない先物為替取引は厳しく制限されていた。それは、投機を目的とした先物為替取引を抑止するための措置であった。その「実需原則」を撤廃することによって、実体取引の有無に関係なく、まったく自由にアメリカの投機マネーが先物為替取引を行なえるようにしたのである。

首脳会談と首相談話、蔵相共同声明は、当時の言葉で言う「金融の黒船到来」であった。「これは大変なことではないか」との衝撃が大蔵省内を走った。大蔵省内の雰囲気には、黒船来航後の江戸城内のような趣すらあった。日米円・ドル委員会をどう進めるかの会議の席で銀行局のナンバー2は大声でこう発言した。「（金融自由化という）国内の事情について、どうして外国と協議する必要があるのか。わが国でやりたければ、自分の意志でやれば良いだけの話ではないのか」。財務官室長としてその席にいた久保田勇夫氏も、「その通りだ」と思ったと述懐している。

しかし、日米交渉がそのように進むはずはなかった。日本経済新聞社編集委員の滝田洋一氏は著書『日米通貨交渉――20年目の真実』（日本経済新聞社刊）の中で次のように述べている。「日米が深刻に対立したように見えても、最後は日本側が妥協案を提示する。米国のドルと核の傘の下に日本が置かれた、戦後の日米関係を象徴する交渉パターンは、日米円・ドル委員会の協議でも忠実に繰り返された」。

八四年五月三〇日、日米円・ドル委員会の報告書が発表された。そこには、金融・資本市場を自由化すること、外国金融機関の日本参入障壁を撤廃すること、ユーロ円市場を発展させること、直接投資に関わる規制や障害を撤廃すること、などが盛り込まれた。金融規制緩和は、時間をかけて進めていくという日本側の考え方は一蹴され、矢継ぎ早にアメリカの要求を受け入れたものであった。

しかし、この日米円・ドル委員会による金融自由化の結果、円安／ドル高が是正されたかというと、結果は皮肉なことにアメリカの意に反して逆に一段の円安／ドル高が進んでしまったのである。八四年、一ドル＝二三二円五〇銭でスタートしたドル／円相場は、三月・四月には円高に振れ二二二円台を付けるものの、その後は反転。どんどん円安が進んでいき、八五年二月には二六〇円台を付けるに至るのである。そもそも、アメリカが日本の金融自由化を力づくでやらせようとした背景には、自由化により円買いが起き、円が本来持っている潜在的な強い力を実現させるというマネタリストの考え方があった。しかし、実際には円買いは期待されたようには起こらず、逆に金融自由化は日本の機関投資家によるアメリカへの投資（資本流出）を惹起し、それがさらなる円売り／ドル買い要因にもなったのである。

誤算によりいらだちを強めたアメリカは、ドル／円の相場調整は為替市場に直接働きかけるしかないという考えに至る。ドル切り下げが確実に実行されるためには、各国による協調的な為替介入が必要だ。この考え方が、プラザ合意へつながっていくのである。

八五年九月二二日のプラザ合意から一週間も経たないうちに、ドル／円は二一〇円台にまで下落し、八六年一月に二〇〇円の大台を割り込むと、つるべ落としのようにドルは下げ止まらなくなった。八六年七月にはドル／円は一五〇円台に達し、七一年のスミソニアン協定で設定された三〇八円という水準のほぼ半値になる。八七年に入っても円高／ドル安基調は変わらず、八七年末は一二二円で引ける。これほどまでの円高／ドル安も、これはこれで逆の誤算ではあった。

行き過ぎたドル安にストップをかけるために、八七年二月二二日にはＧ７（米英仏独日のＧ５＋伊加）ルーブル合意がなされたが、それも効かなかった。なぜか——今度は金融自由化が効いたと言えよう。自由化された市場の力は濁流のようなものだ。一度動き出した為替の流れは単なる協調介入くらいでは止められなくなっていたのである。

そして、これ以降も為替は、市場に翻弄されることになる。市場は勝ち馬に乗る。力の強いものに付く。したがって基本、アメリカの国策に従う。八〇年代以降のアメリカの国策は基本、円高／ドル安であった。そのため、わが国は到底あり得ないような水準の円高に見舞われるようになるのである。

アメリカの国策が為替相場を動かす

みずほ総研チーフエコノミストの高田創氏はこう述べる。「過去四〇年を振り返り、なかでも実務家の立場で三〇年余り、為替市場を見続けた立場として抱く『実感』は、為替の大きなトレンドはすべて米国サイドで決まっていたことだった」（みずほリサーチ二〇一一年九月号）。また、伊藤忠商事に長く勤務し、伊藤忠ファイナンス会長なども歴任した石田護氏（後に阪南大学教授）は、かつて日本経済新聞紙上に「為替変動の政治経済学」と題する論文を掲載し、その中で次のように述べている。「円ドルレートの中期波動が米為替政策と一致している（中略）為替変動は基本的には経済要因に基づくが、過度の円高やドル高はたいてい米当局の意向が変動を増幅した結果なのである」（日本経済新聞一九九八年九月七日付）。

これが、為替相場を見続けてきたエコノミストと長く大手商社に勤めてきた現場の経済人の「実感」なのである。そして、それがもっとも典型的に表れたのが一九九五年（平成七年）の超円高であった。九五年四月一九日、ドル／円相場は一時一ドル＝八〇円を割り込み、七九円七五銭を付けた。次のページに掲載しているのは、それを報じる翌四月二〇日の日本経済新聞である。記事の大見出しを見るだけで、何がこの円高をもたらしたかがわかる。「米側発言 敏感に反応」「自動車交渉も材料」「米政権〝意地悪な円高黙認〟？」。記事本文からも引用しよう。「クリントン政権の円高・ドル安観について、米外為市場などに『マライン・ネグレクト（意地悪な黙認）ではないか』という見方が出てきている。露骨な円高誘導ではないものの、カンター米通商代表部（ＵＳＴＲ）代表やブラウン商務長官らの無神経な発言が、節目ごとにドル安に弾みをつけてきたからだ」「『ブラウン商務長官が十八日、『（円高・ドル安でも）米国の自動車交渉の姿勢に変化はない』と発言したのを一つの材料にして、円は十九日の東京市場で一ドル＝八〇円を突破した。ドル安の原因は米国の大幅な経常赤字など根が深いが、米閣僚の発言がしばしばドル安を助長する。三月下旬にもカンターＵＳＴＲ代表が『円高は日本の黒字を縮小させる効果もある』と述べ、市場のドル売りを強める一因になった」（日本経済新聞一九九五年四月二〇日付）。

市場は米政府要人の発言をうかがって動く。だから、米政府が強く円高／ドル安を望んでいる時は、到底あり得ないような水準の円高も現出するのである。

九六～九七ページのチャートをご覧いただきたい。これは、一九八二年から直近までのドル／円の為替チャートにＯＥＣＤ（経済協力開発機構）発表の購買力平価を重ねたものである。購買力平価とは、簡単に言えば物価を比較した時の妥当な為替レートである。アメリカで一ドルで買えるものが、日本では何円で買えるかということだ。もちろん、様々な物やサービスがあるから、それを簡単に測るのは容易ではないが、妥当な為替水準を考える時の一つの目安にはなる。

これで一九九五年のところを見ていただきたい。前述した通り、四月には八〇円割れの七九円台を付けた年だ。この年、物価比較の購買力平価だと一ドルは何円だったのか――なんと一七四円である！　つまり、妥当と考えられる水準より二倍以上も円高になっていたのである。先に「到底あり得ないような水準」と書いた意味がおわかりいただけるであろう。この超円高に見舞われて、日本企業はどうしたか。日本国内での生産を減らし、アメリカなどでの現地生産を増やしていったのである。国内の空洞化である。

そもそも、超円高をもたらした日米自動車貿易摩擦は、日本企業が悪かった

ドル/円相場は米政権の意向で動く

円一時79円台

米側発言 敏感に反応

円相場は十九日の東京外国為替市場で一時一ドル＝七九円七五銭をつけた。ドル安の基調が続いていたうえに、十八日までの日米自動車・同部品交渉が決裂に終わった事実や、米政府要人の強硬な姿勢に市場が敏感に反応し、八〇円のラインをあっさり突き抜けた。市場関係者の間ではなお円の先高感が根強い。円高・ドル安を是正するためには、規制緩和による内需拡大や一層の規制緩和など、日本側も思い切った政策を示す必要があるという見方が広がっている。

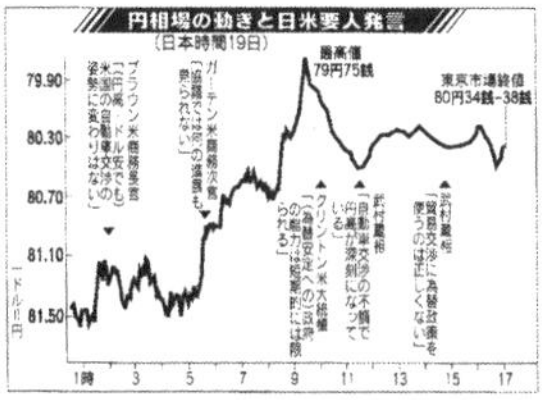

自動車交渉も材料

抜本的対策求める声も

米政権"意地悪な円高黙認"？

発言、市場に配慮欠く

市場が注目する経済・政治日程

＜4月＞

21日	日銀の春の情勢判断
23日	仏大統領選挙第1回投票
25日	7カ国蔵相・中央銀行総裁会議（G7、ワシントンで）
28日	米1～3月期GDP速報値
未定	日米自動車・同部品分野専門家会合（東京で）

＜5月＞

4～5日	四極通商閣僚会議
7日	仏大統領選挙第2回投票
23日	米連邦公開市場委員会（FOMC）

＜6月＞

上旬	5月の日銀企業短期経済観測調査
15～17日	先進国首脳会議（カナダ、ハリファクス）

（日本経済新聞 1995年4月20日付）

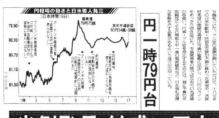

購買力平価

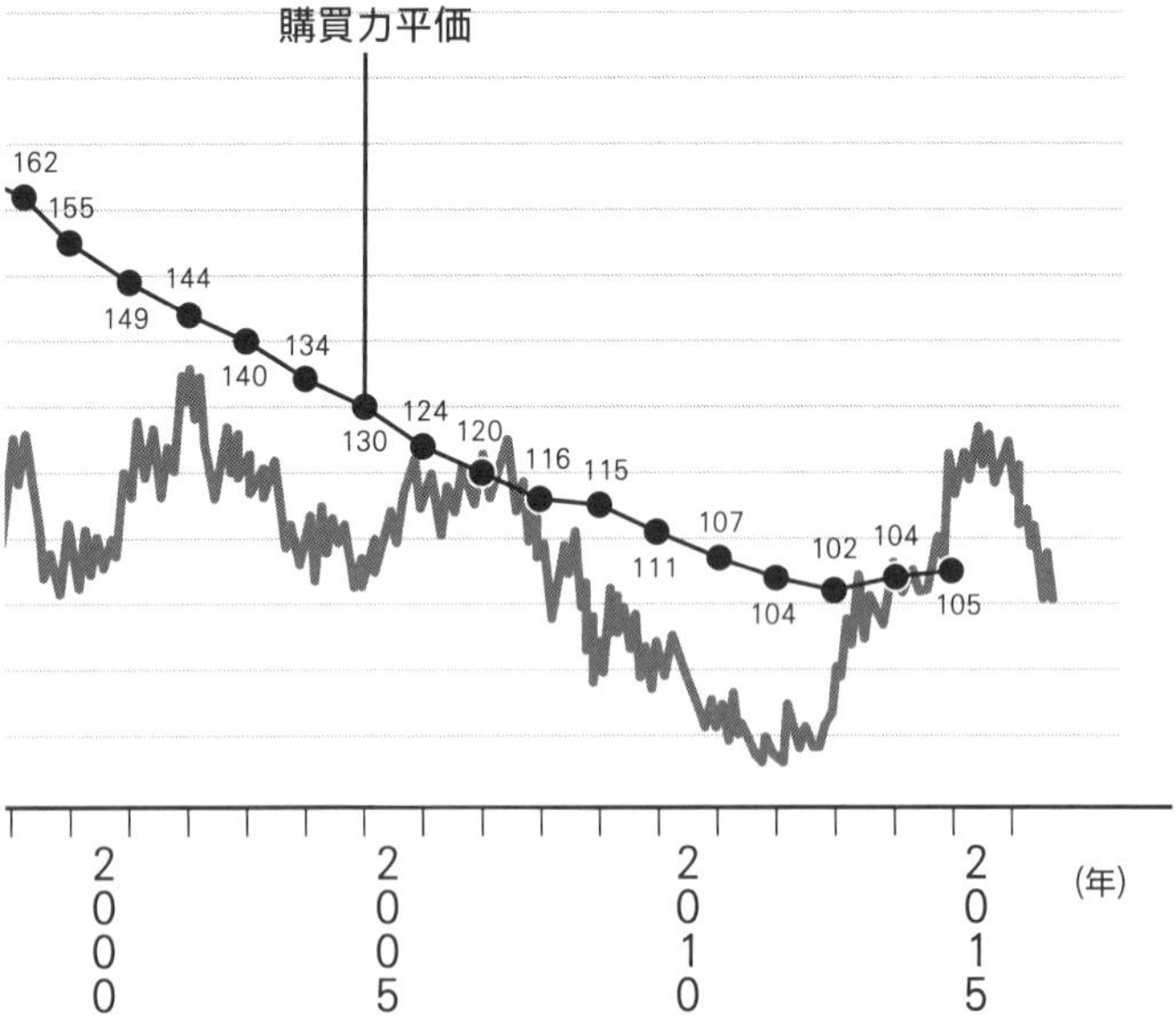

購買力平価
162
155
149
144
140
134
130
124
120
116
115
111
107
104
102
104
105
2000
2005
2010
2015
(年)

ドル／円チャートと

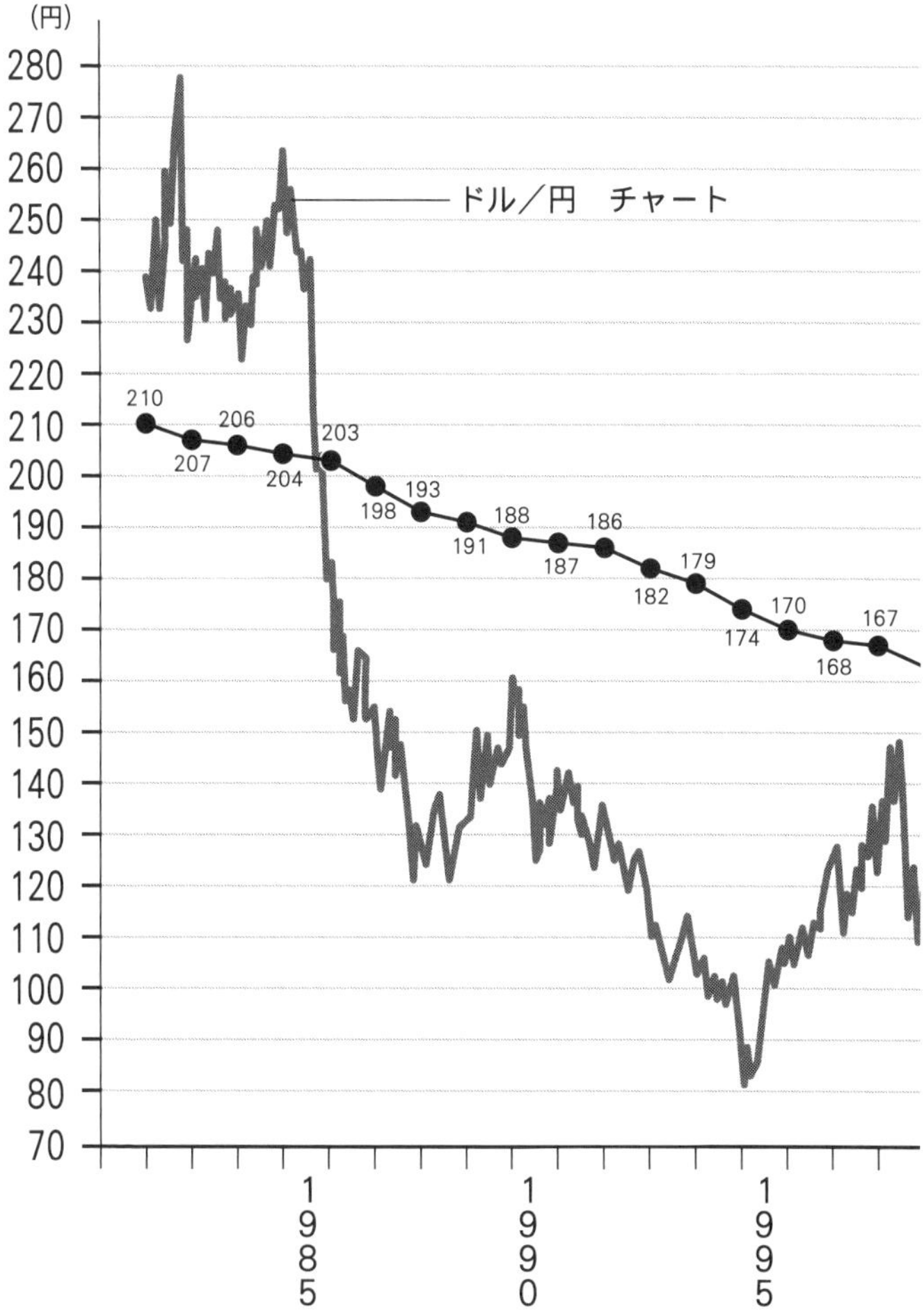
(円)
280
270
260
250
240
230
220
210
200
190
180
170
160
150
140
130
120
110
100
90
80
70
ドル／円　チャート
210
207
206
204
203
198
193
191
188
187
186
182
179
174
170
168
167
1985
1990
1995

わけでも何でもない。日米自動車貿易摩擦により、日本車メーカーは一九八一年から対米輸出自主規制を始めた。するとどうなったか。アメリカ人は低燃費で高品質な日本の小型車を求め、自主規制によって品薄になった日本車には、プレミアム価格が付けられるようにまでなったのである。一万二〇〇〇ドルのトヨタ・クレシーダ（マークⅡ）が一万七〇〇〇ドルで売られる例すらあった。中古車価格も急騰し、一年落ちのクルマに新車販売価格以上の値札がついた。

自主規制でも一向に解決しない上、超円高に見舞われ、日本の自動車メーカーは、アメリカ進出を余儀なくされる（米政府や米企業、さらには全米自動車労働組合（ＵＡＷ）が雇用確保のために対米進出を要求したのみならず、日本の通産省も事態を重く見て二大メーカーのトヨタと日産に対米進出するよう圧力をかけた）。こうして、当初は現地生産に積極的ではなかった日本メーカーも八〇年代、特に八〇年代半ば以降、海外進出を積極的に進めるようになった。

その結果、日本の自動車生産の構造は根本的に変わっていく。国内自動車生産は、一九九〇年（平成二年）の一三四八万台にピークを打つ。輸出台数が最高だったのはもっと前で、一九八五年（昭和六〇年）の六七三万台がピークであった。どちらもその後は減少傾向にあり、代わりに海外生産がどんどん増えていった。二〇一五年は国内生産が八七四万台であるのに対し、海外生産はその二倍以上の一七六一万台にのぼる。この現地生産化の動きは、アベノミクスにより円安が生起しても変わることはなかった。日本経済新聞が二〇一三年三月二三日にまとめた「社長一〇〇人アンケート」（日本経済新聞社が国内主要企業の社長を対象に四半期ごとに実施）によれば、円高が修正されても海外生産の規模を「拡大する」とした回答が三二・四％にもおよぶ一方、逆に「縮小する」と答えた経営者はゼロ（！）であった。一たび出て行ったら、もうおいそれとは戻って来ないのである。

もう、円高には戻らない

為替の歴史に関して述べる本章で、海外現地生産のことについて多少字数を割いたのには理由がある。暴言で知られる米共和党の大統領候補、ドナルド・トランプ氏。彼はこんなことも放言している。「日本から、何百万台もの車がひっきりなしに輸入されてくる」「円安／ドル高のため、アメリカは日本と価格競争ができない。このレベルの円安誘導では競争は不可能だ」。

しかし、わが国がアメリカに何百万台も輸出していたのは大昔の話だ（もっとも多かったのは、一九八六年の三四三万台）。直近二〇一五年における対米輸出台数は一六〇万台で、それに対し現地生産台数はその二・四倍の三八四万台に達している。さらに言えば、日本メーカーが現地生産を進めた結果、日本の自動車メーカーはアメリカで一五〇万人超の雇用創出に貢献しているという調査結果が出ている（米ラトガース大学経済学部のトーマス・プルーサ教授。プルーサ教授は、「日本の自動車メーカーは、米経済の回復と成長に主導的な役割を果たしている」とまで述べている）。トランプ氏の主張は、時代錯誤で見当違いなのである。

現地に法人を作り、工場を作り、人を一五〇万人以上も雇っているわけだから、日本で国内生産して輸出などという形に戻れるはずがない。それは先の社長アンケートにも顕著に表れている。つまり、もうアメリカが円安を批判して円高に持っていったとしても、意味がないということなのだ。表現を変えれば、トランプ氏の物言いは過激で耳目を引くが、実際にはアメリカからの円高圧力は、もうほとんどなくなったというのが現実なのである。

それを理解するために、もう一度九六～九七ページのチャートを見ていただきたい。一九八五年には購買力平価の二倍以上の円高を強いられていたにもかかわらず、この一〇年はあまりかい離しなくなった。アベノミクスの時代に入ってからは、むしろ購買力平価より円安に振れている。それをアメリカが許容するくらいに構造変化が進んだということである。だから、もう円高には戻らない。

その一方で、わが国で今進められている経済政策――財政と金融が一体となった経済政策は、最近盛り上がってきているヘリマネ（注：ヘリコプター・マネー。中央銀行がヘリコプターからお金をバラ撒くように国民に配るという政策のこと）論議が象徴するように、極めてインフレリスクが高いものになっている。アベノミクス周辺には、平気でヘリマネを薦める論者がいるのだから、私は本当に恐ろしいと思っている。こんな先行きを考えない経済政策を進めていけば、破綻は必至である。インフレリスク、円の暴落リスクは高まるばかりだ。

だから私は今年（二〇一六年）夏、一〇〇円で米ドルを買った。もちろん、これがＭＡＸかどうかはわからない。もう少し円高に振れることもありうるかもしれない。しかし、ドル／円相場を巡る根本的構造が変わったこと、そしてわが国では見通しが立たない経済政策が闇雲に推し進められインフレ・円安リスクが高まっていることは、間違いのない事実なのである。

第三章　アベノミクス崩壊

アベノミクス――まやかしの経済対策

二〇一六年七月。第二四回の参議院選挙は自民、公明が議席を伸ばし、与党大勝で幕を閉じた。アベノミクスや安全保障関連法など、安倍政権が三年半の間に進めてきた政策の是非が争点となり、また選挙権が一八歳以上になって初の国政選挙でもあったため、本来であればもっと注目されるべき選挙であったろう。しかしながら、同時期に持ち上がった都知事選に話題をさらわれ、また対抗勢力たる野党があまりにも非力な状況で、選挙戦自体が盛り上がりに欠け、事実上自公の独り相撲の様相となった。

選挙後、会見に臨んだ安倍首相は、「アベノミクスを一層加速せよとの力強い信任をいただいた」と宣言、さらなる経済対策の投入を約束すると、八月二日には史上三番目の二八兆円を超える規模の大型経済対策を打ち出した。この「総合的かつ、大胆な経済対策」は、一見すると安倍首相が経済に賭ける並々ならぬ意気込みを映し出しているように見える。しかしつぶさに見ていくと、実はそこからアベノミクスの限界を感じさせるカラクリが露わになる。

まず、二八兆円超の経済対策とは、国が二八兆円の支出をすることではなく、あくまで経済対策を行なった結果想定される事業規模の合計だ。財政措置として支出を予定するのは、このうち一三・五兆円程度である。しかもこの額は、国や自治体の支出だけでなく、政府系金融機関の融資を受けて企業が支出する額約六兆円程度を含めての数字だ。純粋な政府支出を抜き出してみれば、実は六兆円ほどしかないのである。安倍政権発足直後の二〇一三年一月に発表された緊急経済対策では国の支出が一〇・三兆円であったことと比べると、実に見劣りする内容である。ちなみに、二〇一六年度の二次補正予算で支出するのはこのうち四兆円であり、残りは翌年度予算での執行となる。こうしてカラクリの裏側を見てみると、この規模の財政出動で「総合的かつ大胆」と胸を張った安倍首相の役者ぶりがわかろうというものだ。

しかし、たかが四兆円と侮ってはいけない。この予算をひねり出すことすら、現在の政府にはかなりの難題なのである。二〇一六年初に大幅な株安、円高が進み、企業業績は大幅な落ち込みが予想されており、当然ながら税収減が見込まれている。消費税増税の延期により、その分の税収も失われた。デフレ脱却はいまだ実現せず、景気浮揚による税収増にも期待は持てない。それでも追加財源を確保しようとすれば、もはや国債の増発、すなわち借金の積み増ししかないのである。実際、今回の経済対策の財源は税収や剰余金で賄うことができず、建設国債を発行する見込みであるという。要は、景気のテコ入れのために借金を膨らますという、今までの経済対策と何ら変わらぬ構図なのだ。

それでも経済対策が多少なりとも効果を発揮するならまだ良い。しかし、それを望むべくもないことは過去を振り返れば一目瞭然だ。ゴールドマン・サックスの調査によると、一九九〇年のバブル崩壊以降に実施された二五回の経済対策を調査したところ、うち一八回で政府の対策承認後一ヵ月以内に金融市場は当初の上げを消していたという。つまり、発表時には市場を賑わすものの、財政出動が根本的な経済問題を解決しないとわかり、急速にその勢いがしぼんでいくというのである。元財務官でＩＭＦの副専務理事を務めた篠原尚之氏は、繰り返された経済対策が結果的に潜在成長率に大きな影響を与えることはなかったと指摘、政府債務をさらに膨らませるより、日本経済の構造問題への対処に注力すべきと論じている（ブルームバーグ二〇一六年八月一日付）。

賢明な読者の皆様はもう薄々お気付きのことだろう。実は、当初アベノミクスが「三本の矢」の一つとして掲げた財政政策は、今までも自民党が営々と行なってきた、大した効き目も期待できない経済対策（補正予算）であり、それはある種「偽薬」のようなものなのである。もし、財政政策が本当に経済対策に効果的ならば、一九九三年以降毎年行なっている財政出動によって、日本はとっくにデフレを脱却しているはずなのだ。かくして実態はどうか。直近だけ見ても、アベノミクス元年の二〇一三年一月には一〇・三兆円規模の経済対策を、二〇一三年一二月は五・五兆円規模、二〇一四年一二月は三・五兆円規模をそれぞれ実施しているが、この間の株高、景気浮揚はもっぱら黒田日銀による金融政策が主導したものであり、国がカネを出したために経済が盛り上がったのではない。つまるところ、自民党は経済対策と称した旧態依然のバラ撒きを既得権益層に行なったに過ぎないのだ。

では、肝心要の金融政策はどうなのか。アベノミクス以降、どうなっていて、これからも効果を上げ続けることができるのか。時系列を追ってその効果を検証し、これからの期待値を検討してみたい。

当初、アベノミクスは順調だった

アベノミクスの源流は、二〇一二年一一月に遡る。一一月一四日、当時の野田首相と自民党の安倍総裁が国会で討論した際に、サプライズが起きた。トップ同士の議論の応酬の最中、野田首相（当時）が唐突に議員定数削減を条件とした衆議院の解散を明言したのだ。これに安倍首相が定数削減と選挙制度改正を公約にすると約束、局面は一気に解散総選挙へと動いていった。

今でこそ安倍首相と言えば「アベノミクス」、経済対策のイメージが定着しているが、元々は「戦後レジームからの脱却」を目指すバリバリの改憲派の政治家である。したがって、第二次安倍政権が目指す一丁目一番地とは、憲法改正による自衛権の明記なのだ。しかしこれらの改革は反対圧力も大きく、支持率の獲得、維持は困難だ。一方、当時の民主党政権では経済対策があまりにもずさんだったため、国民の関心事も主に経済に向いていた。そこで、支持率を盤石にして改革を断行するための布石として、アベノミクスという経済対策を金看板に掲げ、国民の支持を集めていったのだ。

この大胆な経済政策を公約に掲げる作戦は見事に的中。民主党が三年半の政権時代に犯した数々の失策による自滅的敗北という側面もあったものの、一二月一六日の選挙結果は自民党が圧勝した。かくして第二次安倍内閣は誕生し、そして財政政策、金融政策、規制改革の「三本の矢」をキャッチフレーズに景気浮揚を目指す「アベノミクス」は始動した。

株価を見ると、「アベノミクス」の効果は安倍政権発足前からてきめんだった。衆議院が解散した一一月一六日の終値は九〇二四・一六円、そこから二〇一三年五月二二日の終値一万五六二七・二六円まで、ほぼ一直線に上昇したのである。わずか半年で、株価が一・七倍にまで上昇したのだ。為替も同じ期間で八一・三〇円から一〇三・一六円と二二円近くも円安に振れた。アベノミクスの成果に国民は沸き立ち、景気浮揚による陶酔感を味わった。

二〇一三年三月、黒田東彦氏が日銀総裁に就任すると政府との協調的な政策運営にコミットし、いよいよ本丸の金融政策発動に動き出す。四月四日に発表された「異次元金融緩和」は、向こう二年以内に二％の物価上昇を目指し、そのために日銀の資金供給量（マネタリーベース）を二倍にするという、異例の内容だった。当時一四〇兆円弱だったマネタリーベースを、なんと約二倍の二七〇兆円にするということである。簡単に言えば、向こう二年間は国債、ETF、J-REITなどの資産買いに、中央銀行が総額一四〇兆円近いマネーを突っ込むと明言したのだ。これに市場が反応しないはずがない。この発表だけで株価は約二〇〇円上昇し、ドル／円は二円あまりの円安に振れた。その巨大な衝撃は「黒田バズーカ」と渾名され、海外市場においても予想をはるかに上回る内容に大きな影響を与えた。

こうして、アベノミクスの一年目はおおむね順調な滑り出しを見せた。インフレ率も二〇〇九年以降四年間続いたマイナスから脱却、二〇一三年は〇・三六％のインフレに転じた。さらに二〇一四年は、消費税増税の駆け込み需要もあって、二・七五％のプラスと目標を大きく上回るインフレを実現した。

劣化し続ける金融政策

しかし、いかにインパクトのある政策であっても、市場はやがてその刺激に慣れてしまう。株価は一万六〇〇〇円近辺で頭打ちとなり、為替も一〇五円台の壁を打ち破れなくなっていた。ここに二〇一四年四月の消費税増税が追い打ちをかけ、経済を一気に冷やした。この時期、メディア各紙は一勢にアベノミクスの失速を指摘している。ブルームバーグは、二〇一四年八月二九日付の記事で「アベノミクス効果息切れ」と銘打ち、同年七月の物価上昇率の伸びが頭打ちとなり、また実質消費支出も五・九％減と前月よりマイナス幅を拡大したと伝えた。この他のメディアでも、おおむね同様にアベノミクスの先行きに懸念があることを報じている。

戦力の逐次投入はしないと明言していた黒田総裁だったが、こうした報道によって市場の期待が逆転を始める気配を察してか、「追い焚き」に動き出した。二〇一四年一〇月三一日、黒田日銀は「ハロウィーン緩和」と呼ばれる追加緩和を発表した。資産買い入れを六〇兆円～七〇兆円ペースから八〇兆円に拡大、長期国債の年間増加額を五〇兆円から八〇兆円に増額、ＥＴＦ、Ｊ‐ＲＥＩＴの買い入れペースを三倍にするなど、内容自体はオリジナルの「黒田バズーカ」に見劣りするが、そのタイミングはサプライズを演出する絶好のもので、市場は再び大きく反応した。日経平均は同日の終値一万六四一三・七六円から二〇一五年八月一一日の最高値二万九四六・九三円まで約二八％上昇、為替は同じ期間に一一二・三三円から一二五・一三円と一三円近く円安に振れた。日経平均が二万円の大台を回復したのは実に一五年振りのことで、また為替も二〇〇一年以来の円安となった。

この「ハロウィーン緩和」は、株価や為替の面では確かに効果があったが、しかし肝心の持続的な景気回復に資することはなかった。消費税増税で消費は冷え込んだままで、企業業績にも影響がおよんでいた。市場が量的緩和という麻薬に不感症になったのは、恐らくこの緩和の影響も大きいだろう。また肝心の物価上昇率は、完全に横ばい傾向に逆戻りしてしまった。

二年間で二％のインフレ目標が実現不可能という見通しは、時間が経つにつれて濃厚となっていった。二〇一五年六月にはギリシャ債務危機が再燃、銀行休止という事態に発展し、また八月には上海株式市場が暴落、いわゆる「チャイナショック」が世界経済を呑み込んだ。こうした動きを背景に、日銀も当初目標を徐々に修正する動きに出始める。二〇一五年一〇月三〇日の定例会見では、黒田総裁が「二年」という期限について、「『できるだけ早期に』という際に念頭に置いている期間を示した」とし、達成時期が後ずれする可能性に言及している。

こうした状況に、海外メディアも一斉にアベノミクス失敗の報道を展開した。

「日本は過去七年間で五度目のリセッション（景気後退）に陥っている。安倍晋三首相が三年前に政権に返り咲いてからは二度目のリセッションだ。首相は日本経済の停滞に終止符を打つと公約したが、その目標は達成できていない。今こそ再考の時だ」（ウォールストリート・ジャーナル二〇一五年一一月一七日付）

「アベノミクスは失敗に終わったと思う。新・第三の矢は、もはや矢ではない。構造改革はどこに行ったのか」「日本にはモーニングコールが必要だ。長い眠りから呼び覚まされなくてはならない」（ロイター通信二〇一五年一一月一八日付）

「アベノミクスが計画したような成功を収めなかったことは明らかだ」（ニューヨーク・タイムズ二〇一五年一一月一八日付）

いかに安倍首相や黒田総裁が取り繕おうとも、海外メディア勢はお構いなしである。日本のマスコミのように気兼ねすることなく、アベノミクスがもはや地に堕ちたと容赦なく断じたのだ。

黒田日銀の金融政策は、もはや効き目なし

二〇一六年一月、再び世界の市場は揺れ動く。前年一二月の米国利上げ発表の影響もあり、大発会から六日連続で日経平均が下落。年末に一万九〇三三・七一円だった株価は、一月一二日には一万七二一八・九六円と二〇〇〇円近くも下落したのだ。これに引きずられるように世界株価も下落し、前年夏の上海市場暴落の余韻もあって、いよいよ株価大暴落がささやかれた。

この混乱にまさにカウンターを打つがごとく、三たび日銀が動き出した。一月二九日の会合で日銀が発表したのは、効き目が薄くなった量的緩和ではない。導入はないだろうとも言われていた「マイナス金利」という奇策に打って出たのだ。このマイナス金利政策は、しかしながら発表当初こそサプライズ効果で株価が浮揚したものの、マイナス金利による金融機関への業績への影響など負の側面が意識されると、軟調な世界の市場の先頭を切って大きく値を下げる結

果となった。黒田総裁は、マイナス金利の政策効果の測定には時間を要するとしているが、導入から半年以上経った八月現在でも、マイナス金利の正の効果が現れているという話は聞かない。

むしろ、株価は八月二三日現在で年初来一〇・六%のマイナス、為替に至っては一一九・四四円から一〇〇・一六円と、「ハロウィーン緩和」で作り出した円安幅を完全に吐き出した格好となっている。この結果は、とりもなおさず市場が黒田日銀の繰り出す金融政策にはもはや効き目がないと気付いている証なのだ。

アベノミクスに対する絶望的評価は、もはやメディアにとどまらなくなった。IMFは、二〇一六年六月二〇日に対日審査報告書を発表、その内容は大きくは報道されなかったが、衝撃的なものだった。アベノミクスは、現状のままでは「期限までに達成困難」と断じたのだ。また、ノーベル経済学者のポール・クルーグマン氏は、二〇一六年三月に東京で開かれた国際金融経済分析会合の席上で、「長期的に日本の財政ポジションを心配している」と懸念を表明した。

政府日銀の金融政策の歴史

第1弾 「黒田バズーカ」2013年4月

■2年間で2%のインフレ目標
■資金供給量（マネタリーベース）を2倍

→ **株価1.7倍、20円以上の円安**

第2弾 「ハロウィーン緩和」2014年10月

■資産買い入れペースを
年間60-70兆円から80兆円に増額
■長期国債買い入れの平均残存期間を3年延長
■ETF、J-REITの買い入れペースを3倍に

→ **株価1.28倍、13円近くの円安**

第3弾 「マイナス金利」2016年1月

■日銀当座預金残高の一部にマイナス金利を導入

→ **株価−10.6%、20円近くの円高**

日銀の金融政策が
回を追うごとに劣化しているのは歴然
残された数少ない手は「禁じ手」ばかり

クルーグマン氏といえば、リフレ派の領袖の一人であり、アベノミクスの編纂に関わった浜田宏一イエール大学名誉教授とも近しい間柄の人物だ。かつてアベノミクスに太鼓判を押した人物の口からすらこうした発言が出るほど、アベノミクスは悲惨な状況なのだ。

金融政策は、いまや手詰まり

しかし、こうなることはあらかた予想がついていた。私は、アベノミクス始動から間もない二〇一三年二月に上梓した『悪い円安・大インフレでついに国家破産⁉』（第二海援隊刊）という本の中で「繰り返し強調するが、〝アベノミクス〟は決して目新しい経済政策ではなく、どちらかというと今までも繰り返されてきた政策だ」と指摘し、財政・金融政策には新たな付加価値を生み出す原動力はないと主張した。

同様の指摘は私だけではない。似た時期に米タイム誌も行なっている。「安倍総理は前回の汚名返上に躍起になっているが、政策を見る限りその可能性は低い」「(積極財政・金融緩和といった経済政策を) 過去二〇年の経済停滞から脱却できないと証明した政策」(米タイム誌電子版二〇一二年一二月一七日)。

良識ある筋からは、政策開始当初からこうしたまともな批判があったが、世論の趨勢は緩和バブルへの期待感に浮かれていた。そして、そうした期待感に加え、民主党政権時代の経済停滞からの反動、米国が先んじて行なっていたＱＥ(量的緩和政策)が堅調に軌道に乗ったタイミング、日本の円高是正に対する各国の協調的雰囲気などが揃い、スタートダッシュが演出されたため、短期的には成功したかのように見えたのである。

しかし、こうしたやり方は長続きしない。いかにサプライズをともなう大規模金融緩和であっても、人は時間と共にその刺激に慣れていき、おのずとその効果が薄れていくものだからだ。黒田総裁は筋金入りの「通貨マフィア」であり経済通であるから、恐らくそのあたりの事情は実は百も承知でやっていたのかもしれない。というよりむしろ、そうなるとわかっていてもやるしかないと腹をくったのではとすら思われる。

一方の安倍首相は、自身がそうした計算の下で政策決定したというより、リフレ派経済学者らの入れ知恵があり、金看板に掲げて実行したら本当に風が吹いたというのが本当のところだろう。彼を知るある筋によると、安倍首相は経済に疎いどころか興味がないという。古い政治家の中には経済軽視の傾向を持つ人も多いというが、一九六〇年に日米安全保障条約改定を貫き通した（それまでは単に米軍に基地を提供するための条約だった）岸首相の孫として、今度は憲法上で自衛権を明記したいという野望を持つ安倍首相は、まさにそういう古い気質の政治家なのかもしれない。

ただいずれにせよ、今のこの状況は恐ろしく危険だ。日本経済はたとえるなら麻薬を常時点滴されている状態だ。そのおかげで何とか正気を保ち、ギリギリ生活を続けているのである。ここでもし点滴を外せばどうなるか。薬が切れればやがて激痛が走り、意識は混濁し、立つことはおろか正気でいることもできなくなるだろう。では、点滴を打ち続けるのはどうか。日銀が買い取りする国債は、すでに現在でもかなり流通が細っている。事態の重篤さについては、ＩＭＦが二〇一七年～一八年頃に買い入れの限界が到来すると指摘するほどである。ＥＴＦやＪ‐ＲＥＩＴにしても、当然ながら無尽蔵に買い取りできるわけではない。それに、仮に株式市場に大量のマネーをつぎ込んでも、海外投資家勢がハゲタカよろしく舞い戻ってきて、日銀が投入したマネーを適当に食い荒らして去っていく可能性も高い。また、マイナス金利をこれ以上掘り下げれば、金融機関の業績悪化は深刻になる一方だ。金融政策単体では、もはや手詰まりと言っていい。

残る矢は、キワモノのみとなった

では、金融政策以外で打ち手はあるのか。財政出動については、先ほど説明した通り国債増発に依存する以外に財源のめどが立たない。その上、またぞろ道路やダムを作ったところで、その投資が回収できる見込みは低いだろう。そもそも建設関係などは深刻な人手不足で、入札に応じる業者が出てこないというケースもあるほどだ。これ以上、そうしたところに財政出動するのは難しいだろう。

では、アベノミクスの第三の矢である成長戦略はどうかと言えば、これこそもっともあてにならないだろう。規制改革による産業振興は、既得権益層に切り込んでいくという意味で政治家にとっては痛い政策であり、本当に真剣に実行することなど極めてまれだ。そのことは自民党が既得権益層にやってきたことを見れば一目瞭然である。そもそも既得利権団体の票で勝った党が、既得利権をぶち壊して新たな稼ぎ頭を作るなどということができるわけがない。もしやろうものなら、それこそ自殺行為だ。「改革やります」と言って適当な政策でお茶を濁すか、あるいはかつてＧＡＴＴウルグアイラウンドに関連して農家に六兆円規模のバラ撒きを行なったように、お見舞金を出して多少の改革を行なうのが関の山なのだ。

こうして見てみると、要するに「三本の矢」は神器でも何でもない、過去何度も失敗した産業構造改革という矢と、単なる無駄遣いに終わった経済政策（財政出動）という矢に、たっぷりと妖魔の毒を吸い込ませた「異次元緩和」という矢を組み合わせただけなのだ。そして今、まともに打てる矢は打ち尽くし、残る矢はキワモノのみとなった。普通の戦ならこの辺で負けを認め、異常緩和も財政出動もやめるべきなのだが、政治家にとっての「負け」とは政治生命の「死」である。やめるわけにはいかないのだ。

そうした現状と政治的願望のジレンマからいよいよ禁断のキワモノの矢が放たれる可能性が出てきた。「ヘリコプター・マネー」だ。

ヘリマネが日本財政の死を決定付ける

「ヘリマネ」＝ヘリコプター・マネーとは、中央銀行が生み出した返済不要のマネーを政府が国民に配る政策だ。この政策はノーベル賞経済学者のミルトン・フリードマンが著書「貨幣の悪戯」で最初に論じたもので、前ＦＲＢ議長のベン・バーナンキ氏がデフレ克服のために「ヘリコプターからお金を撒く手もある」というたとえ話をしたことから、こうしたマネーバラ撒き政策を「ヘリコプター・マネー政策」と呼ぶようになった。

この「ヘリマネ」政策が日本でにわかに脚光を浴びたのは二〇一六年七月の参院選挙の少し前からだ。金融政策として量的緩和もマイナス金利も実施したが、結局のところデフレ脱却には程遠い。そのため、さらに強力な政策の導入が検討されるとして議論が持ち上がったのだ。

「ヘリマネ」政策は、具体的には財政政策と金融政策をミックスして行なわれる。まず、政府が赤字国債を発行し、これを中央銀行に引き受けさせる。中央銀行はこの国債を満期まで保有、もしくは永久保有する約束（永久債）をする。中央銀行が永久に保有し続ける限り、国民からすれば純粋にマネーは純増することになり、確実にインフレが進捗する。中央銀行は国債の代金を政府に渡し、政府はそれを給付金や補助金、地域振興券や手当、法人減税などの名目で国民にバラ撒くのだ。

この政策が狙い通り機能すれば、「空から降ってきた」カネで国民が消費を加速し、企業が潤いやがて税収も上がるという寸法だ。実に素晴らしいマッチポンプである。しかも、既存の公共投資などのようにまどろっこしい経済政策でマネーを循環させるのでなく、恒久的なマネーを生み出していきなり国民に配ってしまうのだから、相当なインパクトを期待できる。おそらく、二〇一三年の「黒田バズーカ」など、かすむほどの衝撃を与えることだろう。

しかし、効き目の強い薬とは時に毒にもなり得る。政府が赤字国債を発行し、日銀に永久に引き受けさせる方法とは、言い換えれば財政ファイナンス、あるいはマネタイゼーションであり、国債の貨幣化である。終戦直後日本が激しいインフレに見舞われたのも、戦時中に戦費を調達するため政府が日銀に国債を引き受けさせ、日銀にカネを出させた結果である。つまり、日銀の国債引き受けとは、制御不能の深刻なインフレに直結しかねない、劇薬中の劇薬なのだ。

このような極めて危険な政策にもかかわらず、いわゆる「リフレ派」（金融緩和の積極的な推進派）の経済論客たちの中には、条件付きでこの政策の実施を進めるべきと主張する向きもある。アベノミクスの一連の財政、経済政策をもってしてもデフレ脱却しないなら、目標インフレ率になるまで「ヘリマネ」をやればいい、というのが大よその主張である。ハッキリ言おう。とんでもない暴論である。

日本は、すでにGDP比約二五〇％というとんでもない政府債務をかかえている。国際収支黒字や対外債権なども多く、テロや戦争の懸念も比較的少ないためいまだ莫大な借金に火は点いていないが、どんなきっかけで火が点くかは誰にもわからない。ヘリマネ導入が決定した瞬間、日本の財政規律が崩壊したとみなされれば、日本は海外勢から一気に全面売り浴びせに遭い、株式、通貨、国債のトリプル安という最悪の事態にもなりかねない。

また、仮に海外勢がそれほど激しい反応をしなかったとしても、この政策は国民や政府を腐敗させてしまう可能性が高い。そうなれば、インフレ目標が達成してもヘリマネをやめられず、戦後の悪性インフレのような事態を招来することになる。これは歴史も証明している。

ヘリコプター・マネー

ヘリマネは悪性インフレを招来し、円の信認は地に堕ちる。

一九三一年、世界恐慌による混乱から日本経済を救うため、当時の大蔵大臣高橋是清はアベノミクスに類する金融緩和政策を実施した。この政策は当時デフレに苦しんだ日本経済にピタリとはまり、日本は他の先進諸国に先んじて恐慌からいち早く抜け出すことに成功した。しかし、この政策に味を占めた軍部は、緩和マネーによる軍拡と版図拡大に野心をむき出しにした。緩和政策を終了させようとした高橋をなんと暗殺し（二・二六事件）、その後無尽蔵に日銀への国債引き受けを行なってマネーを作り出し、勝算のない戦争に突入していったのだ。

現在の日本において、まったく同じことが起こると言いたいわけではない。現代の日本において軍部は存在しないし、安倍首相や黒田総裁が緩和終了を行なったからとてクーデターを起こしたりはしないだろう。しかし、バラ撒きを受けた国民はどうか。バラ撒きがなくなれば生活が立ち行かなくなるとして、緩和終了におおいに反対するだろう。

事実、深刻な財政危機に陥っているギリシャにせよ、過去に七度もデフォルトしたアルゼンチンにせよ、現在事実上の国家破産状態にあるベネズエラにせよ、人気取りのバラ撒きに甘んじてきた国民は、国家財政がひっ迫して政府が財布のヒモを締めると、途端に「食っていけない」とデモやストライキを起こし、政権を攻撃したのだ。およそ、バラ撒きをして国民を甘やかした国は、同様の運命をたどる。日本に限っては、バラ撒きをしてもまともな神経を保ってバラ撒きを終えられるなどという道理はどこにもない。

こうした中で、企業は二極化するだろう。競争力のある企業は減税優遇がなくなった日本を見放して海外に逃避し、もともと体力がなかった企業は次々倒産する。こうなると、産業界からも緩和終了への反対圧力が高まる。利権団体は政治家を使い、政治家は票のために緩和終了を是が非でも阻止することになる。メディアも世論を煽り、劇薬の継続使用をあおることだろう。こういう事態となっては、緩和終了は改憲以上の超高難度の問題となる。そう、「ヘリマネ」という政策の本質的な恐ろしさ、それは究極の麻薬によって国民も政治家も変質し、薬なしでは生きていけなくなるという点なのだ。

ヘリマネを行なえば、まず間違いなくインフレは来るだろう。そして、これはあくまでも予測だが、かなりの確率でヘリマネはやめられなくなるだろう。現在までのアベノミクスと同様、やめれば激痛が走るからだ。そして政府債務残高は累積ペースを加速、ある時日本の信認は地に堕ち、いよいよ最悪の事態がやってくるのだ。

かと言って、ヘリマネを行なわなければまだましかと言えば、そんなことはない。ヘリマネは財政出動と金融緩和をセットで行なうが、現在のアベノミクスはそれをまだ別々にやっているというだけに過ぎない。しかも、効き目がどんどん落ちており、打てる手も限られてきている。最悪の事態になるまでの時間軸が後ろ倒しになるだけで、結局、訪れる結果は一緒というわけだ。

目の前の為替要因に惑わされるな

さて、本書のテーマである為替に話を戻そう。本書執筆現在（二〇一六年八月二五日）、ドル／円は一〇〇円割れ前後の高値圏で推移している。アベノミクスによって日本銀行はすさまじい額の国債を抱え、そしてＧＤＰ比二五〇％という膨大な政府債務を抱える日本が、なぜこれだけの円高を維持しているのか。

これにはいくつか理由が考えられる。

まず筆頭に挙げられるのは、米国の金融政策だ。二〇一六年一二月、ＦＲＢが利上げを発表したが、その影響は深刻なものだった。新興国通貨はいっせいに下落、米ドル建て債務を抱える新興国の財政ひっ迫やデフォルト懸念まで飛び出した。その後順調に利上げするかと思われた米金利は、新興国経済の不安定さと二〇一六年初からの株安が影響し、利上げ見送りという事態に陥った。アベノミクスの息切れ感に加えて、米利上げ見送りという複合要因が短期的な円高を演出しているのだ。むろん、米国が金利を引き上げていけばこの円高は解消するだろう。しかし、向こう一、二年程度を見た時、利上げが順調に行なわれるかは未知数である。

次にあげられるのが経常黒字だ。日本の経常収支は、かつての輸出超過から輸入超過に転じ、貿易収支は中長期的には赤字傾向にある。しかし、現在のところ原油価格の下落といった要因から貿易収支は一時的に黒字に転じている。CLSAキャピタルのストラテジスト、ニコラス・スミス氏は、「円相場は歴史的に貿易収支の影響を受けやすい」と指摘する。

また、他の多くの専門家が指摘するのが、所得収支の黒字だ。所得収支とは、海外から得た投資の利子や配当、賃金などで、貿易ではなく海外の子会社や投資先からの収益などがこれにあたる。投資の儲けが日本に入ってきているため、日本はまだまだ豊かであるとみなされているのだ。

また、インフレトレードという考え方も注目に値する。二〇一六年四月七日のウォールストリート・ジャーナルによると、投資家の一部が米国のインフレ加速を予測しており、インフレ急騰のリスクから身を守る目的で円に資金が流入している可能性があるという。為替の基本であるが、インフレ率が高い国は通貨安になりやすい。したがって米国のインフレ率が上昇し、日本がデフレから脱却できなければ、必然的に円に資金が流れ込んでくる、ということだ。

欧州要因も見逃せない。リーマン・ショック後、南欧各国の債務問題、金融機関の不良債権問題などがくすぶり続けている。二〇一五年にはギリシャで債務問題が再燃し銀行休止の事態に発展、二〇一六年六月には英国の国民投票でEU離脱が決定するなど、欧州経済は断続的に揺れている。さらに、IS（イスラム国）台頭による移民の大量流入と、各国の保護主義的態度がEUの政治的理念をも揺るがせている。翻って日本は、これら欧州諸問題に比べて情勢は安定しており、資産避難先として安全と見られている。したがって、何か有事があれば日本に資金が流入するという暗黙の構図が出来上がっているのだ。

このように、金融関係者の間では指摘したような要因が覆らない限り、簡単に円は下落しないとみられており、この安心感が円高を底堅いものにしている。いずれの要因も短期的に見ればそう簡単には覆らないだろう。したがって、向こう一、二年程度の短期で見た場合に大幅な円安を期待することは難しい。もちろん、大地震や火山噴火による経済活動への大打撃、あるいは隣国との紛争状態突入といった地政学リスクの顕在化などは深刻な円安要因となるが、将来予測をする上でこうしたイベントが起きる可能性はあまり考慮に入れるべきではないだろう。

しかしこうした見立ては、あくまでも短期的視野での話である。一〇年〜一五年単位のトレンドで見れば、まず間違いなく円安傾向となるだろう。私は、そのタイミングは東京オリンピック後の二〇二一年〜二四年頃と見ているが、早ければオリンピック前の二〇一八年〜一九年にもその兆候が出る可能性もあるだろう。将来予測については第五章でさらに詳しく解説するので、ぜひそちらをじっくりとお読みいただきたい。

私たちの住む国、日本は、いよいよ数十年に一度の深刻な危機を迎えようとしている。しかしそれは裏返せば、数十年に一度の大チャンスということもできる。為替一つとっても、しっかりと情報を集め、事前の準備を怠りなく行なえば、資産をしっかりと守り、あまつさえ財を成すこともできるかもしれない。本書の後半もしっかり熟読して、ぜひともあなたなりの戦略を練ってほしい。

第四章　ゴールドと円

資産保全に注目を集める金

ここ数年、テロの頻発、ポピュリズムの台頭など世界が不安定さを増す中、金（ゴールド）が大きな注目を集めている。今後、短期的には円高、長期的にはかなりの円安が予想されるが、このような大変動下で資産を守るのは簡単ではない。短期的には資産を円で持ち、円安局面になる前に資産を外貨に替えれば良いのでは？　と思われるかもしれない。確かに理屈ではその通りだが、実際にはそう簡単にできるものではない。まず、相場の転換点をピンポイントに予測することは不可能に近いし、相場が大きく変動する際には激しく乱高下するのが相場の常だからだ。

このような難しい局面で、資産の一部を金で保有するのは良い考えだ。もちろん金にも価格変動があり、しばしば大きく乱高下するが、金には円やドルなどの通貨にはない性質があり、上手く使えば資産を保全する上で非常に有効な手段になり得るのだ。また、政治や経済をはじめ、世界を取り巻く様々な状況を考えると、将来的に金相場はかなりの上昇を見せる可能性もある。

そこで、本章では戦後から現在に至るまでの金の歴史を振り返ると共に、金相場と通貨との関係、金相場の値動きの特徴を詳しく見ていき、今後の金相場について考えてみたい。

戦後の金のトレンド

■ブレトン・ウッズ体制とその崩壊

「ブレトン・ウッズ体制」と呼ばれる第二次世界大戦後の国際通貨体制は、金のみを国際通貨とするそれまでの金本位制ではなく、米ドルを金と並ぶ国際通貨とする金・ドル本位制を採っていた。ドルは金との交換が保証され、その交換比率は一トロイオンス＝三五ドルと定められた。一トロイオンスは約三一・一〇三五グラムに相当する。当時、米国は圧倒的な経済力を背景に大量の金を保有していた。この大量の保有金を裏付けとして、金との交換を保証された米ドルは、基軸通貨の地位を確立したのである。

しかし、一九六〇年代になると、米国の圧倒的な経済力にも陰りが見え始める。ベトナム戦争にともなう財政悪化、日本や欧州諸国の台頭による国際収支の悪化などにより、大量の米ドルが国外に流出した。米国は大量のドル紙幣発行を余儀なくされ、各国の米ドルに対する疑念を招いた。各国はドルを金に大量に交換したため、大量の金が米国から流出した。米国の金準備高は激減し、ドルと金との交換を保証することは困難になった。

そして一九七一年、当時の米大統領ニクソンは金とドルの交換停止を宣言し、ブレトン・ウッズ体制は崩壊、米ドルは大きく切り下げられ、一九七三年には各国は変動相場制へと移行した。

■七〇年代の金相場高騰

一トロイオンス＝三五ドルというタガが外れた金相場は、米ドルの大幅切り下げを映し急騰した。一九七三年に発生したオイルショックも金相場の上昇に拍車をかけた。第四次中東戦争を受けて、ＯＰＥＣ（石油輸出国機構）が原油価格を大幅に引き上げた結果、多くの国が厳しいインフレに見舞われた。わが国でも一九七四年のインフレ率が二〇％を超え、「狂乱物価」という言葉も生まれた。インフレは金相場を押し上げ、一九七四年には国際価格が一トロイオンス＝一九七・五ドルまで高騰した。ブレトン・ウッズ体制下の公定価格三五ドルと比べると、五倍を上回る高値である。国内価格も一グラム＝一九八〇円に高騰し、前年の輸入自由化前の七七五円から約二・五倍の上昇を見せた。

さらに、一九七九年のイラン革命をきっかけに起きた第二次オイルショック、ソ連のアフガニスタン侵攻といった危機は空前の金ブームを引き起こし、金価格はすさまじい勢いで上昇していった。一九八〇年には国際価格が一トロイオンス＝八五〇ドル、国内価格も一グラム＝六四九五円の高値を付けた。当時のドル／円相場は現在よりも大幅な円安だったため、国内価格についてはこの時の最高値をいまだ上回ることができずにいる。

（ドル/トロイオンス、円/グラム）

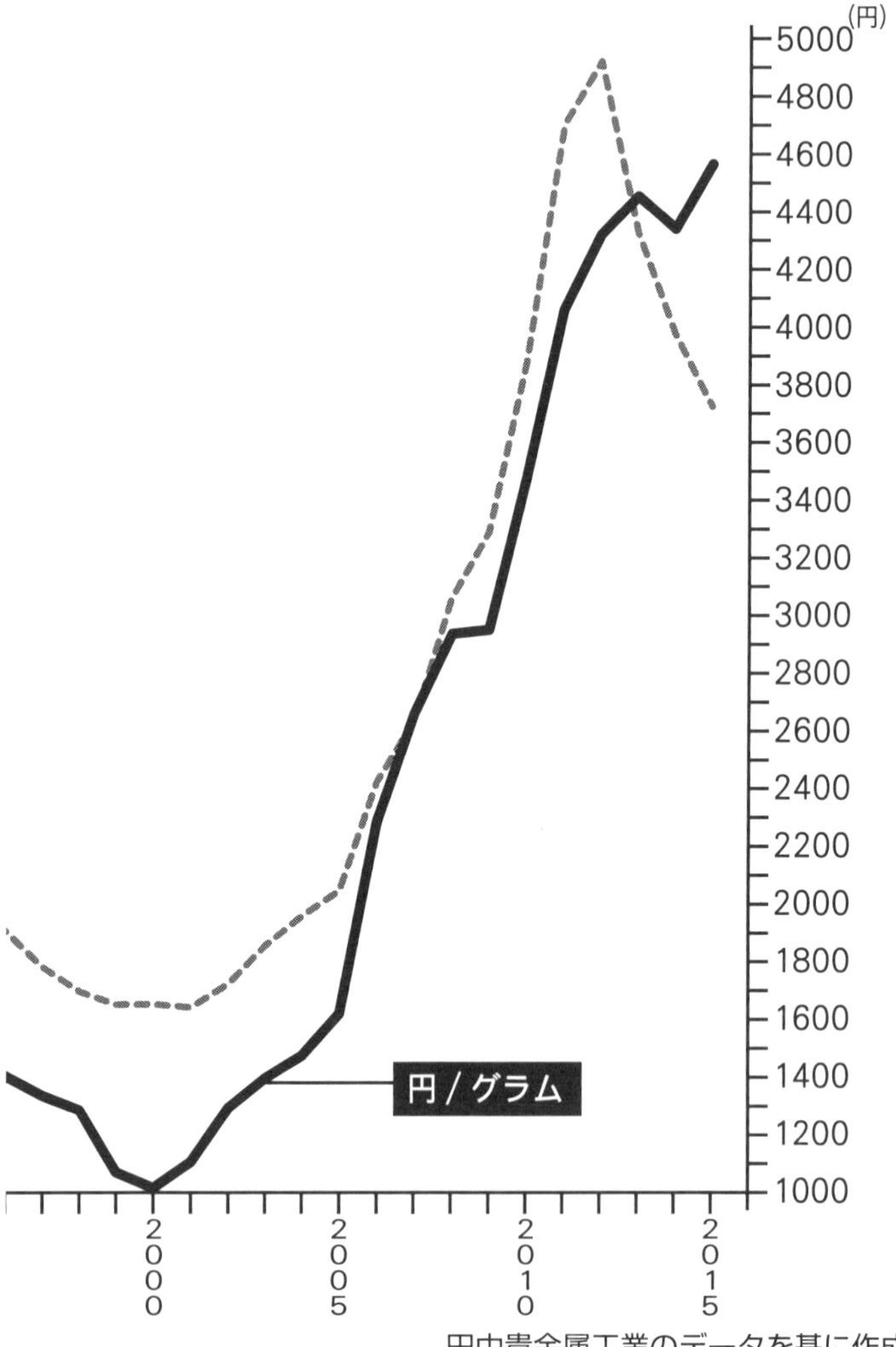

田中貴金属工業のデータを基に作成

金価格の移り変わり

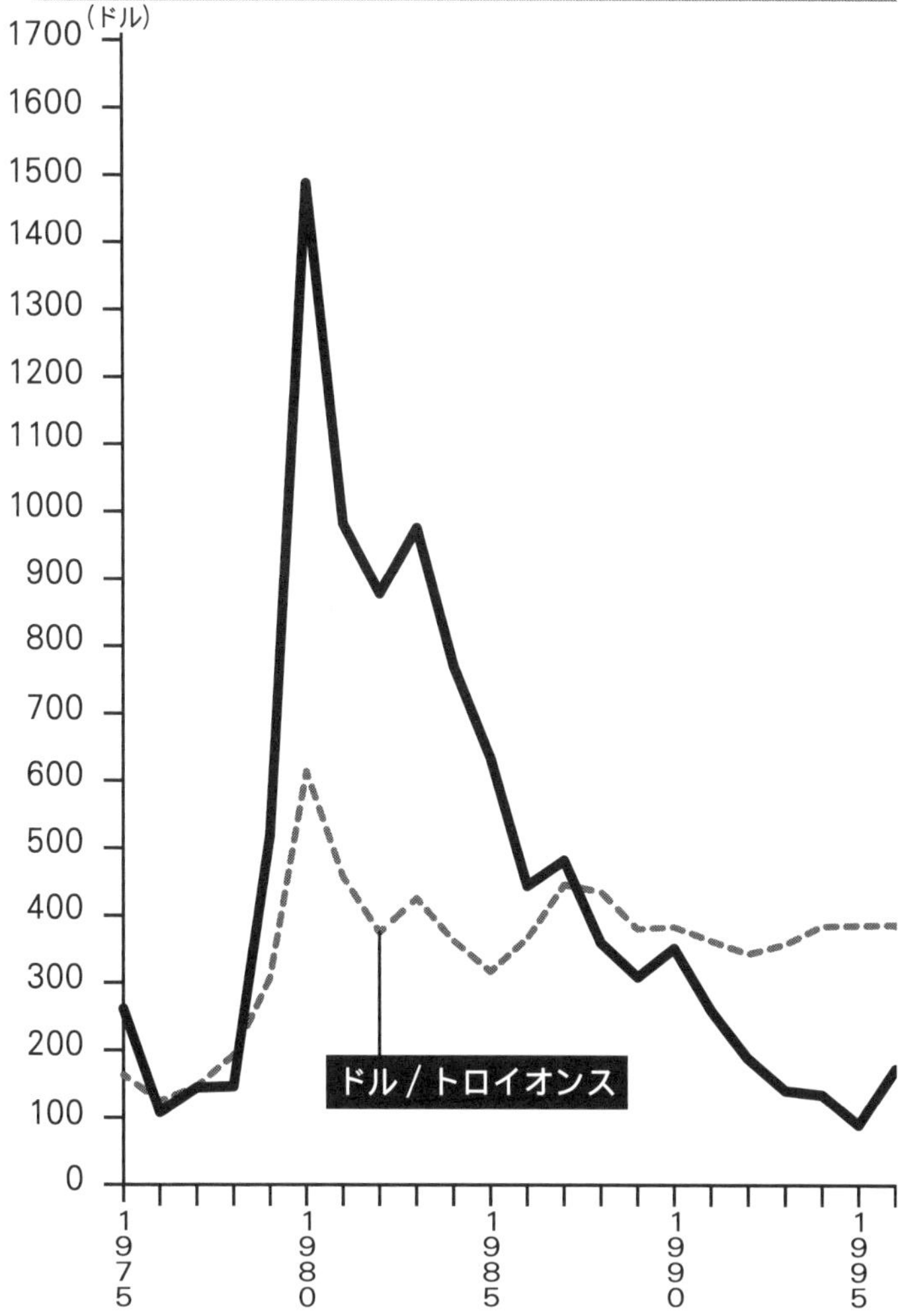
(ドル)
1700
1600
1500
1400
1300
1200
1100
1000
900
800
700
600
500
400
300
200
100
0
ドル／トロイオンス
1975
1980
1985
1990
1995

しかし、金ブームに乗りあまりに急激に高騰した金相場は、完全にバブルであった。一九八〇年の高値をピークにバブルは弾け、その後、金は二〇年もの長期にわたり低迷を強いられた。八〇年代と九〇年代は、金にとってまさに「失われた二〇年」であった。

■金の「失われた二〇年」

金相場は八〇年代に大きく下落した。一九八二年の中南米の債務危機、フォークランド紛争、一九八七年のブラックマンデーなど、国際的な緊張が高まる局面では急騰したが、いずれの上昇局面も一時的なものに終わり、全体としては下落基調で推移した。

九〇年代に入ると、金相場はさらに水準を切り下げていった。東西ドイツの統一、ソ連の崩壊により冷戦が終わり、国際的な緊張が緩和したためだ。「有事の金」が注目される場面が一気に少なくなり、金は金融商品としての輝きをすっかり失った。

金の先安観が強まる中、世界的に金の売却が増加した。金の鉱山会社は金相場下落による損失を回避するため、ヘッジ売りを盛んに行ない、それも金相場をますます押し下げた。

さらには、ヨーロッパをはじめ各国の中央銀行までもが保有金の大量売却に動いた。特に英国の保有金売却は金市場に大きな衝撃を与えた。一九九九年五月、イングランド銀行が保有する七一五トンの金のうち、四一五トンを売却すると発表したのだ。この発表により金相場は急落し、同年七月に国際価格が一トロイオンス＝二五二・八ドルまで下落し、同年九月には国内価格も一グラム＝九一七円の安値を付けた。

■金相場復活のきっかけとなった米同時多発テロ

金相場がようやく下げ止まったのは、一九九九年の秋であった。そのきっかけとなったのが同年九月の「ワシントン協定」である。あまりの金価格の下落に危機感を強めた欧州各国は、金の売却量に制限を設けることで合意したのだ。

金売却量は年間四〇〇トン、五年間で二〇〇〇トンに制限された。この直後、金相場は急反発し、瞬く間に一トロイオンス＝三〇〇ドルを超えた。ヘッジ売りを進めてきた鉱山会社も、慌てて買い戻しを始めた。しかし、金相場の上昇は長くは続かなかった。その後、再び三〇〇ドルを割り込み、しばらくは二〇〇ドル台後半でさえない値動きが続いた。

そのような中、二〇〇一年九月、金相場の上昇を決定付ける大事件が起きる。米同時多発テロである。世界を震撼させたこの事件は、米国を中心とする世界経済が決して盤石なものではないことを世界に知らしめ、「有事の金」が再び見直されるきっかけとなった。

あのテロは、それまでの有事とは意味合いが異なる。米国本土が初めて直接の攻撃を受けたのである。これにより、覇権国家米国の威信は大きく傷ついた。その後、米国は対テロ戦争を本格化させ、アフガニスタンやイラクとの戦争により軍事費が増大し、財政が悪化、国家の信用力も低下していった。米国の信用力低下は、基軸通貨米ドルの信認低下に直結する。このような状況の中、「有事のドル」が機能するはずもなく、米国および米ドルへの不安を背景に金相場は上昇トレンドに入っていったのである。

■二八年振りの最高値更新。金相場、完全復活

二〇〇〇年代に入り、まるでそれまでの「失われた二〇年」がなかったかのように、金相場はうなぎ上りで上昇していった。決して一過性の上昇などではなく、一〇年間、ほぼ毎年、価格水準を切り上げていった。二〇〇八年一月には、一九八〇年に記録した一トロイオンス＝八五〇ドルの最高値を二八年振りに更新した。金は、完全復活したのである。

金相場復活のきっかけとなったのは、米国や米ドルに対する不安であったが、息の長い上昇相場を後押しし、金相場復活を決定づけた要因は他にもいくつかある。一つは新興国の台頭だ。当時はＢＲＩＣｓ（ブラジル・ロシア・インド・中国）に代表される新興国の経済成長に注目が集まった。中でも中国とインドは元々、金志向が強いことで知られる。両国は、高い経済成長を背景に大

量の金を買い始めた。

以前、インドでは金の個人保有が禁止されていた。それでも、金志向の強いインドの人々は割高な密輸品を買い求めていた。そして、一九九〇年に金の取引が自由化されると、割高な価格が次第に是正され、金の需要が高まっていった。九〇年代前半に二〇〇トン～四〇〇トン程度であったインドの金需要量は、二〇一〇年には初めて一〇〇〇トンを超えた。

中国においても、個人が投資目的で金を保有することは長らく禁止されていた。しかし、二〇〇一年のＷＴＯ（世界貿易機関）加盟を機に、金取引の自由化が少しずつ始まった。二〇〇二年には上海に中国初の金取引所が開設され、金の現物取引が始まった。さらに二〇〇八年には金の先物取引も始まり、金取引の規制緩和が進んだ。金取引自由化の進展は中国における金需要を高め、二〇〇〇年代前半に二〇〇トン程度だった需要量は二〇〇〇年代後半から急増し、二〇一三年にはついに一〇〇〇トンを超えた。

また、原油価格の高騰を受け、中東のオイルマネーが金市場に流入し、ロシアも二〇〇七年頃から金保有を着々と増やし続けている。二〇〇〇年代前半に四〇〇トン前後で推移していたロシアの金保有量は二〇一三年には一〇〇〇トンを超え、二〇一五年には一四〇〇トンを超えている。

金ＥＴＦ（金価格連動型上場投資信託）の登場も、金価格の上昇に弾みを付けた。金ＥＴＦは金価格に連動する投資信託で、証券取引所に上場している。二〇〇三年にシドニーで上場して以来、欧米各国の市場を中心に相次いで上場した。わが国でも、すでに数本の金ＥＴＦが上場している。

金ＥＴＦの登場により、年金基金などの機関投資家が金の有力な買い手となった。金ＥＴＦの登場は、金が有価証券化されたことを意味する。世界の年金基金などは有価証券でしか運用できない場合が多く、現物である金には投資することができなかった。しかし、金ＥＴＦにより金が有価証券化されたことで、世界の年金基金などの機関投資家も、金ＥＴＦを通じて金投資が可能になった。それを受け、多くの機関投資家が分散投資の一環として金ＥＴＦを大量に購入したのである。

こうして金の先高観が高まったことで、九〇年代後半に金価格を大きく押し下げた世界各国の中央銀行などによる保有金の売却も減少した。また、金相場の上昇は、鉱山会社による金のヘッジ売りも減少させた。金価格の下落リスクをヘッジする必要がなくなったからだ。

二〇〇〇年代中盤の金相場を取り巻く状況は、買い材料一色と言っても過言ではないほどであった。当然、ヘッジファンドなどの投機マネーも金を活発に売買した。投機マネーの流入が金価格を高騰させ、オーバーシュートした相場はやがて急落。しかし、金相場は崩れない。金価格の下落を待っていた宝飾品需要家や年金基金などがすかさず買いに入るからだ。やがて金相場が下値を固め、上昇基調に戻ると再び投機マネーが流入し金相場を押し上げる。このような循環が、金の息の長い上昇相場を支えたのである。

■二〇〇八年、金融危機時の金相場

二〇〇八年三月には、金価格は初めて一トロイオンス＝一〇〇〇ドルを突破した。ただ、二〇〇八年は特に年後半、リーマン・ショックに端を発した金融危機により市場が激しく動揺した年だ。金相場も不安定になり、しばしば乱高下に見舞われた。

「有事の金」と言われるように、基本的に金は危機に強い。しかし、だからと言って「危機の時に金価格は必ず上がる」と考えるのは甘過ぎる。金融危機が発生すると、お金は安全を求め株や新興国通貨などのリスク資産から先進国の債券や通貨、現金などの安全性が高い資産へと移動する。もちろん金も安全資産として買われる。

ところが、金融危機が混乱を極めた二〇〇八年秋、金は急落している。同年一〇月には金価格は一トロイオンス＝七〇〇ドルを割り込んだ。三月の高値から三割以上、下落したのである。なぜか？　答えは「換金売り」だ。危機時には現金の需要が高まる。特に、先物やＦＸなどでレバレッジをかけていると、損失拡大にともなう担保価値の低下により追証（追加の保証金）を求められる。あるいは資産価格暴落による損失の穴埋めや、借金返済などのために資金調達を迫られる人も増える。それまで右肩上がりで高騰を続けてきた金は、このようなお金に困った人たちにとって、格好の換金売りの対象であった。こうして「有事の金買い」と「換金売り」が交錯し、金相場は乱高下したのだ。

■金融危機後、再び上昇した金相場

二〇〇八年の金融危機にともなう金相場の乱高下は一時的なものにとどまり、回復も早かった。同年一一月には、金相場は再び上昇に向かった。

なぜ、かくも早く金は高値を回復したのだろうか？　背景には金融危機への各国の対応策がある。未曽有の金融危機に対応するため、各国は空前規模の金融緩和と財政出動を実施した。多くの先進国で金利は大幅に引き下げられ、過去に例がないほどの世界的低金利時代に突入した。金には金利を生まないというデメリットがあるため、極端な低金利は金相場にとって強力な追い風となった。

さらには、米国などが行なった量的緩和も金相場を押し上げたと考えられる。

市場には大量のマネーが供給され、株価は回復、世界は何とか恐慌への突入を回避した。しかし、その副作用は決して小さなものではなかった。各国の財政赤字が増加、中央銀行の資産が膨張し、インフレすなわち通貨価値の希薄化懸念が高まった。特に米国については経済規模が大きいこともあり、大量の米ドルが供給されたことによって、米ドル不安が高まった。その結果、信用リスクのない金がますます買われたのである。

金価格は二〇〇九年二月には再び一トロイオンス＝一〇〇〇ドルに達し、その後も上昇ペースをさらに上げ、次々に最高値を更新していった。そして二〇一一年九月には一トロイオンス＝一九二三・七ドルまで上昇した。しかし、それがピークであった。リーマン・ショック後の安値から三倍に迫るほどに急上昇した金相場を暴落が待ち構えていた。

■米利上げ観測で金相場暴落

金融危機から三年が経ち、市場は落ち着きを取り戻しつつあった。米国はまだ量的緩和策を継続していたが、二〇一三年五月に米ＦＲＢ（連邦準備制度理事会）のバーナンキ議長（当時）が量的緩和を縮小する可能性について言及するなど、少しずつその出口を探り始めていた。それを先取りする形で金相場は下落していった。

金価格は二〇一二年こそ一トロイオンス＝一六〇〇ドル～一七〇〇ドル程度を維持していたが、二〇一三年に入ると急落し、一時は一二〇〇ドルを割り込み、その後も下落基調で推移した。二〇一五年一二月には米国がついに利上げに踏み切り、二〇〇八年末から続いたゼロ金利政策は終わりを告げた。同月、米利上げに呼応するように金価格も一〇四六・二ドルまで下落した。二〇一一年九月の史上最高値からわずか四年ほどで約四五％、つまり半値近くまで暴落したのである。

■米利上げ開始で底を打った金相場

米国の利上げにより米ドルに金利が付くようになると、金利を生まない金はどうしても売られやすくなる。ただ、すでにマーケットは米利上げをかなりの部分で織り込んでいた。だからこそ、金相場は大幅に下落したわけだ。

また米国の利上げは、相当緩やかなペースで進められると見込まれていた。FRBは利上げ開始当初、二〇一六年に四回ほど利上げすることを想定していた。しかし、すでにこの時点でマーケットは懐疑的で、二〇一六年の利上げはせいぜい二、三回と見る専門家が多かった。

この頃の米国は、利上げ観測の高まりで進んだドル高と二〇一四年秋以降の原油の暴落により、インフレに火が点く状況にはほど遠かった。肝心の景気自体も拡大局面にあるとはいえ、本格回復にはほど遠く、依然として低空飛行を余儀なくされていた。利上げを急ぐ必要などまったくなかったわけだ。むしろ、通常の利上げペースに耐えられるほどの力強さは米国経済にはなかった。

このような状況の中、米国の利上げ開始とほぼ時を同じくして金相場は下げ止まったのである。利上げ開始はこの時点で完全に金相場に織り込まれていたわけで、米景気が力強さを増し、人々の予想を大きく上回るペースで利上げが行なわれない限り、金相場がさらに下落する理由はなかったと言える。

むしろ二〇一六年に入ると、金相場への追い風が次々に吹いた。年明け早々、中国株が急落、人民元も切り下げられるなど、中国景気への懸念が高まった。原油安にも拍車がかかり、ニューヨーク原油先物価格は一バレル＝三〇ドルを割り込んだ。物価が下落に転じ、景気が腰折れしつつあった日本では、ついにマイナス金利政策が導入された。このような状況の中、米FRBは利上げ見通しを年四回から年二回に下方修正することを余儀なくされた。

追加の利上げができないまま六月に入ると、三日に発表された米雇用統計が市場予測を大きく下回る厳しい数字となり、利上げがますます遠のいた。そのような中、同月二三日に英国で実施されたEU離脱をめぐる国民投票は、離脱派の勝利というまさかの結果となり、市場は激しく動揺した。直後、株式は急落し、急激に円高が進み、ドル／円相場は一ドル＝一〇〇円を割り込んだ。英国の国民投票を受けた市場の動揺はすぐに収まったが、これにより米国の利上げ見通しはさらに遠のき、年一回できるかどうかという状況になった。金相場は上昇基調を鮮明にし、一月には一トロイオンス＝一一〇〇ドル台、二月には一二〇〇ドル台、五月には一三〇〇ドル台を付け、六月の英国国民投票後は本原稿を書いている八月まで一三〇〇ドルを割り込まずに推移している。

以上、戦後からこれまでの金相場の動きについて振り返ってみた。次に投資対象や資産としての金の特徴、通貨特に円との関係を踏まえ、今後の金の動向について予測してみよう。

金の特徴

■実物資産である

金は紙幣や証券などのペーパー資産ではなく、実物資産である。そのため、金は基本的に無価値になることはあり得ない。紙幣や証券などは発行体の信用に支えられているため、発行体が破綻するなどして信用が失われればその価値は暴落し、最悪の場合、ゼロになる。文字通り、紙クズになるリスクを秘めている。株券で言えば、発行している会社が倒産し消滅すればその株券は無価値になる。

一方、金は発行体の信用とは無縁だから信用リスクはない。人々は金という金属そのものに価値を見出しているため、価格変動はあるものの無価値になることはない。

■腐食・変色せず、希少価値が高い

ところで、なぜ人々は金にそのような価値を認めるのだろうか？　あの光り輝く美しさは古今東西、多くの人々を魅了してきた。美しく輝く金色の金属なら、他にもたとえば真鍮などの合金などもあるが、金以外の金属は酸化、変色する。長期間にわたり腐食・変色せず、元々の金色の輝きを維持し続ける金属は金をおいて他にない。金属としての優れた特性から工業需要も多く、エレクトロニクスなど様々な分野で利用されている。

それに加えて希少価値も高い。人類がこれまで採掘した金の総量は一五万五

○○○トンと言われる。これはオリンピックプールわずか三杯分程度の量である。地球上に残る埋蔵量は七万トン程度あると言われるが、その多くは採掘困難な場所にあるため、新たに採掘できる量は限られる可能性が高い。この希少性も、金の価値を長期にわたり維持する要因の一つである。

■信用不安や有事に強い

発行体による信用の裏づけを必要としない金には、信用リスクがない。そのため、信用リスクを抱える紙幣や証券などと違い、信用不安に強いという特徴がある。信用不安に強い実物資産という性質から、有事に強いという特徴もある。金は金利を生まないため、世界の政治や経済が比較的安定している時期、つまり平時には不人気になりがちだ。しかし、「有事の金」と言われるように、戦争や金融危機などの際には人々の金選好が高まる。ひとたび有事が起きると、収益性よりも安全性を重視する投資家が増えるため、信用リスクのない実物資産である金が買われるのである。

しかし、有事には金が必ず上がるという思い込みはやめた方がよい。二〇〇八年の金融危機の際には換金売りに晒され、下落した局面もあったことは述べた通りだ。そういう意味では、有事が発生して慌てて金を買うことはお勧めしない。それでは火事が発生してから慌てて消火器や耐火金庫を買いに行くようなものだ。そういうものは火事になる前に備えておくべきもので、金も平時にこそ資産の一定割合を持っておくべきものなのである。

また金はインフレに強く、インフレヘッジに有効と言われる。金はモノだから、通貨価値が下がり物価が上がるインフレ時に強いのは当然だ。逆に、デフレは通貨価値が上がり物価が下がるわけだから、金には逆風だ。

しかし、金はデフレ時に弱いとは限らない。リーマン・ショックの時もそうだが、深刻なデフレ時には金融危機や信用不安をともなう場合が少なくない。そのような場合には、たとえデフレ時であっても信用リスクのない金が買われることも少なくない。また通常、デフレ時は金利が下がるため、金利を生まないという金のデメリットを弱めることも金に追い風となる。

金と通貨の関係

実は、実物資産である金とペーパー資産である通貨との間には、ある程度の相関関係が確認できる。特に円で金に投資する日本人にとっては、金と米ドルとの関係と金と日本円との関係は必ず押さえておくべきなので、基本的なことを解説しよう。

■金と米ドルとの関係

金相場（ドル建て国際価格）と米ドル相場の値動きには逆に動く傾向が見られる。米ドルが上昇すると金は下落し、米ドルが下落すると金は上昇するという関係だ。なぜ、金と米ドルは逆に動くのだろうか？　よく聞かれるのが「ドルが安くなるとドル建ての金価格に割安感が出るため、金が買われる。ドルが高くなるとドル建ての金価格に割高感が出るため、金が売られる」という解説だ。しかし、このいかにも教科書的な解説は一般の人には少々わかりにくいかもしれないので、別の角度からも解説してみよう。ポイントはその時々の米ドルの信用度や安定度、金利水準だ。

米ドルが十分な信用度、安定度を維持し、ある程度の金利が付く状況にあれば米ドルが買われ、金が売られる。この状況であれば、基軸通貨の米ドルを持つことに不安も不満もない。逆に、まったく金利を生まない金を持つ理由はないのである。

政治、経済、財政、軍事など何かしらの原因で米ドルの信用度や安定度が低下したり、あるいは金利が低下するような状況になると、米ドルが売られる。しかし、米ドルは基軸通貨すなわちもっとも信用力のある通貨だから、米ドルをヘッジしうる通貨は存在しない。そこで、信用リスクのない金が買われるというわけだ。

■金と日本円との関係

金は日本国内では当然、円建てで取引される。ただ、国内の円建て金価格についても、結局はドル建ての国際価格をその時の為替レートで円換算しているに過ぎない。そのため、国内の円建て金価格は国際価格の影響を受けるのは当然だが、ドル／円相場の影響も強く受ける。為替が円安（ドル高）に振れれば、その分国内の円建て金価格は上昇する。逆に、為替が円高（ドル安）に振れれば、その分、国内の円建て金価格は下落する。

ここで、ドル／円相場の円建て金価格への影響を整理しておこう。為替相場がドル高（円安）に振れると、ドル建て国際金価格は下落するが、円建て国内金価格は円安に振れた分だけ上昇する。一方、為替相場がドル安（円高）に振れると、ドル建て国際金価格は上昇するが、円建て国内金価格は円高に振れた分だけ下落する。つまり、ドル高（円安）、ドル安（円高）いずれの局面でも、ドル建て国際金価格と円建て国内金価格は逆の動きになるわけだ。このように両者の値動きが相殺される結果、円建て国内金価格の値動きはドル建て国際金価格に比べかなり緩やかになる。

もちろん、これはあくまでも値動きの傾向であり、たとえばドル高（円安）にもかかわらずドル建て国際金価格が上昇し、その結果、円建て国内金価格が大幅に上昇するなどということもしばしば起きる。しかし、全般的にはこの傾向は非常に顕著である。

たとえば、金相場が低迷していた一九九九年、国際金価格は一トロイオンス＝二五〇ドル程度まで下落したのに対し、国内金価格は一グラム＝九〇〇円近くまで下落した。そこから二〇一一年には国際金価格が一九〇〇ドル程度まで上昇し、国内金価格も二〇一三年に五〇〇〇円程度まで上昇した。その間、国際価格は七倍超に上がったが、国内価格は五倍超の上昇にとどまる。その間の円高が、国内金価格を下押ししたのである。

その後、金相場は下落に転じ、二〇一五年には国際価格が一〇五〇ドル程度まで下落し、国内金価格も二〇一三年に三八五〇円程度まで下落した。その間の下落率は、国際価格が約四五％なのに対し、国内価格は約二三％にとどまる。

金相場とドル/円相場との関係

ドル高（円安）に振れると……

ドル建て国際金価格は下落するが、
円建て国内金価格は円安に振れた分だけ
上昇する

ドル安（円高）に振れると……

ドル建て国際金価格は上昇するが、
円建て国内金価格は円高に振れた分だけ
下落する

国際価格と国内価格は
逆の動きになる傾向

↓

ドル建て国際金価格に比べ、
円建て国内金価格の
値動きは緩やか

今度は逆に、円安が国内金価格を下支えしたのである。

金相場は再び上昇局面へ

では、気になる今後の金相場の動向について考えてみよう。大きなカギを握るのはやはり米ドルの動向、そしてドル相場に強い影響をおよぼす米国の金融政策であろう。

単純に考えれば、米利上げはドル高・金下落を促す。ところが、二〇一五年一二月に米国が利上げに踏み切ると、それを境にドルは売られ、金が買われた。利上げに向けた地ならしの期間が相当長かったこともあり、米国の利上げはすでに十分相場に織り込まれていた。これでは、仮に当初想定されていたペースで利上げが進められたとしても、大幅なドル高・金下落にはなりにくい。それどころか、当初は年四回と見込まれていた利上げは、年一回がせいぜいという見通しに下方修正されたのはすでに述べた。

今後、雇用統計などで米景気の底堅さが示されれば、利上げ見通しが上方修正される可能性もあるが、それでも米国の利上げ局面はそう長くは続かないだろう。実は、金融危機後の米国の景気拡大局面はすでに七年（八四ヵ月）を超えている。言うまでもなく、永遠に続く好景気はあり得ないし、景気は循環するものだ。ちなみに戦後の米国における景気拡大局面は、平均で五八・四ヵ月つまり五年弱である。また、戦後の最長の景気拡大局面は一二〇ヵ月つまり一〇年だ。過去の景気拡大の期間と照らせば、米国景気がピークアウトするのにそれほど長い時間を要しないだろう。

景気後退局面に入れば当然、利上げは打ち止めだ。それどころか、利下げが視野に入るし、十分な利下げ余地がなければ、量的緩和の再開も検討せざるを得ないだろう。そうなると、ドル安・金上昇へと流れは変わる。いや、すでに潮目は変わった可能性もある。すでに述べたように、二〇一五年一二月の米利上げを境にドルは下落に転じ、金価格は上昇に転じている。この動きが米国の景気後退と利上げの打ち止めを先取りしている可能性は、ゼロではない。

また、各国中央銀行による大規模な緩和策も金相場の追い風となろう。ひと足先に量的緩和を終了した米国の後を追うように、欧州と日本が強力な金融緩和を続けている。欧州の数ヵ国に加え、日本もマイナス金利政策を導入した。中央銀行による爆発的な国債買い入れと通貨供給は国債をバブル化させ、通貨価値を希薄化させるリスクをはらむ。先進国の国債バブルが弾けた場合、マネーの逃避先は金以外になくなる可能性すらある。しかも、マイナス金利は金利を生まないという金のデメリットを弱めるどころか、金利を生まないつまりゼロ金利であることが逆に金のメリットにさえなりつつある。金にマイナス金利はあり得ないからだ。

中央銀行の金保有量の増加傾向も、金価格の押し上げ要因だ。二〇〇五年には世界の中央銀行は六六三トンもの金を売り越していたが徐々に売り越し幅は減っていき、二〇一〇年に買い越しに転じた。それ以来、二〇一五年まで六年連続で買い越しが続く。しかも二〇一一年以降、毎年四〇〇トンを超える大幅な買い越しとなっている。

近年は、特に中国とロシアが金の保有を大幅に増やしている。中国の金準備高は約一八〇〇トンとされ、一〇年で三倍に増加している。ロシアの金準備高も約一五〇〇トンあり、やはり一〇年で三倍以上に増えている。両国とも政治的に米国と対立しており、米ドルに過度に依存するリスクを意識していると見られ、今後も金準備を積み上げると考えられる。特に中国については、金準備高についても公表されるデータの信憑性が非常に低く、実際の金準備高は公表データよりもはるかに多いと見る向きが多い。

もちろん今後、金が本格的に上昇したとしても、同時にドル安（円高）が進むことも十分考えられるため、短期的には円ベースではそれほど儲からないかもしれない。しかし、すでに破滅的なわが国の財政状況に、黒田日銀による異次元緩和が加わったことで、将来的にわが国に対する市場の信認が極度に低下し、日本円が大幅に下落するリスクは高いと言わざるを得ない。すると、ドル建て国際金価格の上昇と円安が同時に進行し、円建て国内金価格がこれまでにないほどの上昇を見せる可能性も十分考えられる。

いずれにしても、本当の意味での「金の時代」がいよいよ到来しつつある。資産全体のうち、一五%～二〇%程度は金で保有しておくことをお勧めする。

なお、金に関する注目の書「二一世紀に金は大復活する!?」(仮)を二〇一七年発刊の予定です。ご期待ください。

第五章　将来、一ドル＝三六〇円を超える時代がやってくる!?

今後の為替の展開

為替の動向は、日本経済の命運を決する。ドル／円は、二〇一一年一〇月に七五円の大底を付けて以来、まず八〇円へと上昇し、そこでいったん休憩した後、一〇〇円の大台へと向かった。そして、アベノミクスによって一二五円まで凧のように舞い上がった。ところがその後、二〇一五年夏のギリシャ危機、中国発のデフレ懸念が世界に影響を与え始めると、一気に円高の流れへと逆回転し始め、英ＥＵ離脱が決まった二〇一六年六月に一瞬海外で一〇〇円を割り込み、九九円という水準を付けた。その後一〇〇円近辺でこう着状態となっている。

さて、では今後、為替はどのような展開となるのであろうか。最初に結論をはっきり言ってしまおう。今の円高は、あくまでも一時的なものである。将来の為替水準からいうと、一ドル＝一二〇円でも円高という風に私は見ている。

ましてや、一〇〇円とか一〇五円というのは、一五年先二〇年先から今を振り返ったら「あんな時代があったのか」と懐かしく思い出されるくらいの円高水準と言っていい。二〇一六年に入りアベノミクスの勢いが止まり、日銀の異次元緩和を柱としてなりふり構わずやってきたアベノミクスが機能不全に陥ったが、誰にも止められない日本の「少子高齢化」という現実の中で、いったん人々の目が「日本国の財政危機」に向かえば、為替は長期的には円安へと向かわざるを得ない。さらにはっきり言ってしまえば、二〇一五年〜一六年にかけての一ドル＝一二五円から九九円までの円高への流れは、あくまでも七五円から始まる長い長い円安の流れの中の〝一時的調整〟に過ぎないのであり、一〇〇円とか一〇二円という水準は、絶好のドルの買い場だったと言うことができる。

二〇二五年と言うと、現時点から見てたったの八年〜九年先の近い未来であるが、そこには信じがたい現実が待ち受けている。六五歳を超える高齢者の数が三六五七万人に到達し、全人口の三〇％を超えてしまう。それだけでなく、認知症の老人の数が予備軍も入れて一〇〇〇万人にも膨れ上がってしまうのだ。国民の一二人に一人が認知症というのでは、国家そのものが成り立たなくなってしまう。その時点での就労人口は、六〇〇〇万人強にすぎない。かねてから専門家は日本は「人類史上最速のスピードで高齢化しつつある」と警告を発してきたが（正確には人類史上最悪）、それが現実となった時点でも円が強いなどと言うことは神仏の力を持ってしても為しがたいことである。今からは想像しがたい水準までの円安を、覚悟しておいた方がよい。

さらに今後の為替の動向を考える上で忘れてはならないのは、二〇二〇年という年である。つまり、東京オリンピックという巨大イベントのことである。それまでは、自民党政権はどんなに政府の借金が増えようが、日銀という打出の小槌を使って支えまくり、何とか日本の財政を持ちこたえさせるだろう。しかし、オリンピックが終わった後の反動不況（実際、前回の一九六四年の東京オリンピックの時もその次の年は反動不況により証券恐慌という事態に陥り、山一證券が潰れそこなっている。また、アテネオリンピックの後もギリシャは

将来、とめどもない円安がやってくる理由

1

日本国の財政危機

2 誰にも止められない

「少子高齢化」

＝2025年問題

不況に陥り、それを原因として国家破産にまで至り、最終的には預金封鎖まで突き進んだ）もあって、日本は大きな曲がり角に立たされるだろう。つまり、夢を先食いして恐ろしい現実のみが残ったという大変な状況に二〇二一年に陥っているはずだ。したがって五年後の二〇二一年には、かなりの円安水準に達していることだろう。おそらく一四〇円～一五〇円というレベルまでの円安になっていたとしても何の不思議もない。さらに一〇年先の二〇二六年（あの二〇二五年の一年後）には、一ドル＝二〇〇円を突破しているかもしれない。とすると、二〇一六年～一七年の一時的円高は円→ドルに替える最後のチャンスと言ってよいだろう。

ハイパーインフレと超円安までのシナリオ

では、その際のメカニズムについて詳しく見てみたい。二〇二〇年の東京オリンピックまでに徐々に円安へと向かって、二〇二〇年頃には一ドル＝一三〇

円→ドルに替える最後のチャンス

財政危機＋少子高齢化

↓

どうしても将来、
円安へ向かわざるを得ない
【5年後　140円〜150円】

↓

さらに、オリンピック後
とめどもない超円安へ
【10年後　250円へ】

↓

結論
2016-17年は
円→ドルへ替える
最後のチャンス

円〜一四〇円くらいにはなっていることだろう。そのすぐ後に、様相が一変する。東京オリンピック直後の二〇二一年には、国家破産の顕在化と日銀の実質的破綻により本格的な円安がスタートするからだ。一ドル＝一五〇円超えの円安がやってくるのだ。

そうすると何が起こるのか。食糧自給率四〇％の日本としては、当然のごとく輸入インフレが押し寄せてくる。庶民の生活は圧迫され、スーパーの売り場で値上げラッシュが始まる。もし、そこに世界的インフレの波が加われば、物価はあっという間に五〇％以上上昇して、ものによっては二倍になってしまう。悪性インフレの到来だ。消費は落ち込み、不況下のインフレという、ブラジルやベネズエラを今襲っている問題がこの日本にも押し寄せてくる。国内は石油パニック以来の大混乱となる。こうなると、日銀がいくら国債を買おうが、さらなる異次元緩和を繰り返そうが、金利がどうしても上昇してしまう。こうなったら万事休すだ。

金利上昇は国債価格の下落を意味し、国債を大量に保有する日銀そのものが危うくなってしまう。それ以前に民間経済も大パニックだ。長い間のデフレと低金利（どころかマイナス金利）に慣れきっていた人々は、突然で急な金利上昇を前になすすべもない。普通、金利上昇はその国の通貨価値を押し上げるが、この場合の金利上昇は話が別だ。将来国が破産し、経済が大混乱に陥るかもしれないという金利上昇は、通貨の暴落を招きかねない。

しかも、国債価値が大きく下がればそれは即、財政危機と日銀危機を誘発する。というのも、国債価格が大きく下落する＝金利上昇は国が返すべき借金の利子負担を一挙に増大させ、積もりに積もった債務の山に火が点くからだ。さらに、国債の最大の保有者である日銀は、その保有資産の価値目減りで大変なことになってしまう。

とすると、次に何が起こるのか。国民の生活にとって一番やっかいな事態の発生である。「金融不安」の登場である。つまり元々、銀行と国家とは一体不可分の関係であり、銀行はいわば国の出先機関のようなものであるわけで、国と日銀が危うくなれば銀行を中心とする金融システムそのものも大きく揺らぐこ

めぐるトレンド

金融不安

↓

円からドルへ人々が転換＋資本流出!

↓

さらなる円安へ

↓

これらが負のスパイラルとなって、
どんどん円安と日本経済の悪化が進行

↓

こうして2025年以降、
さらなる急激な円安へ

↓

やがてハイパーインフレと超円安で
国内は大混乱へ

↓

2030年すぎには
ついに1ドル＝360円を突破し、
最後には1000円超えも

今後の為替と財政危機を

国家破産の顕在化＋日銀の実質的破綻

↓

本格的円安のスタート

↓

輸入インフレ

↓

どうしても金利が上昇してしまう

↓

国債価格下落

↓

マイナス金利とデフレに慣れた
日本経済は急な金利上昇でパニックに

↓

財政危機＋日銀危機

↓

となる。その危機をいち早く嗅ぎ取った人々がまず銀行に押しかけ、預金を全額引き出すか、ドルに替えて海外の銀行に送金しようとする。それを見た他の人々も、こぞって銀行に押しかけるようになったらもうオシマイである。

企業も含めて人々が海外へお金を逃がそうという現象を「資本流出」という。こうなれば、さらなる円安は避けられない。しかもこうした現象が連鎖的に進んでいって、負のスパイラルが始まる。円安と日本経済の悪化がどんどん進行することとなる。こうして円安がどんどん独り歩きし始める。やがて、ハイパーインフレと超円安で国内は大混乱となる。そして、二〇三〇年頃にはついに一ドルはあの戦後のスタート地点だった三六〇円をも突破し、最終的には一ドル＝一〇〇〇円も超えて、「海外旅行など夢のまた夢」という時代がやってくる。

一ドル＝一〇二円という節目

ところで、ここ一、二年の為替水準を考える上で極めて重要なドル／円の水準が、実は一〇二円なのである。実際、二〇一六年初夏（六月～七月初め）の英EU離脱による世界的株価暴落と円高においても、確かにドル／円は一瞬一〇〇円を割れ、九九円台を二度付けたが、それ以上の円高は無理であったし、一〇〇円割れも形だけでほんの一瞬であった。というのも、その上の一〇二円に巨大な抵抗線があり、ここをめぐる攻防があったからだ。この巨大な節目である一〇二円を一つの分厚い岩盤として、今後三〇年にわたる壮大な円安がスタートすることであろう。その意味で、私たちは二〇一六年夏に為替と日本国の将来をめぐるトレンドの大きな節目を眼の前に見たのである。それが実際にわかるのは、一〇年以上先のことではあるが。

「三《み》つ巴《どもえ》」の暴落戦略

ここに極めて重要な情報が登場する。それは、株、債券（＝国債、金利）、為替をめぐる巨大トレンドに関する情報である。

その情報源は日本ではなく、シンガポール発である。正確にはシンガポール在住の日本人天才アナリストからのものである。彼は、市場を分析するチャートの専門家であり、カギ足という独特なチャートを使って多くのマーケットの大変動や大転換を当ててきた。その手法をもとに、市場が発する生の声を耳をすまして聴くと、とんでもないことがわかってくるという。

そこで、ここではチャートから見える市場の将来の姿をじっくり見ていくことにしたい。特にここで注目したいのはもちろん本書のメインテーマである為替だが、そのためには為替だけでなく、株と債券についても注意深く観察する必要がある。というのも、この三者は一体不可分の関係にあるからだ。つまり、株、債券（＝国債）、為替は三つ巴の関係にあるのだ。

残念なことに、一部の金融関係者を除いて、このことを知っている日本人はほとんどいない。この〝三つ巴の関係〟が、私たちの将来の運命を変えることになるだろう。というのも、過去にも実際に似たようなことがあったからだ。

話は突然、二六年前に遡る。日本の運命を大きく変えた、あのバブル崩壊の

三つ巴の関係

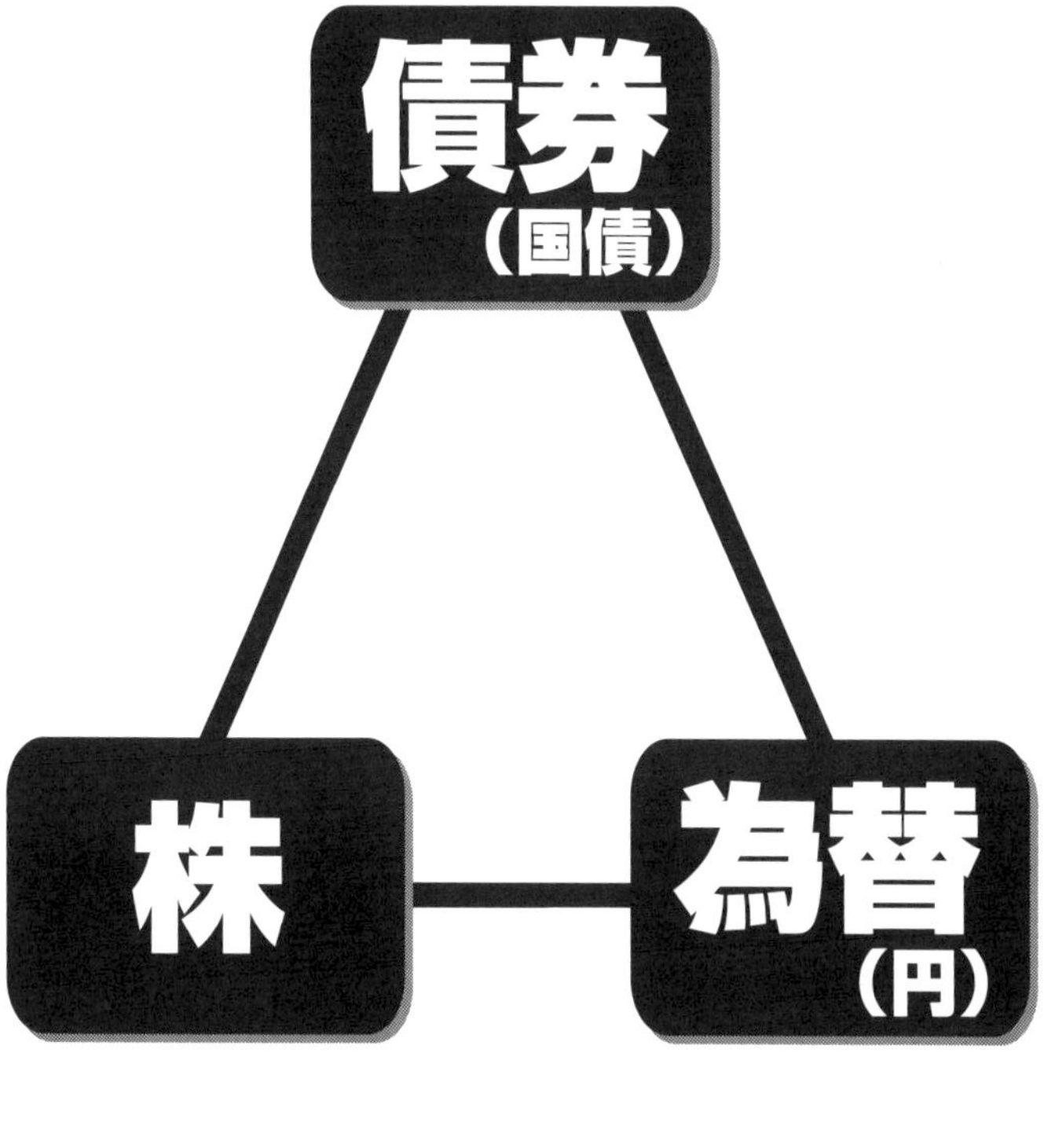

時のことである。あまりにも重要な話なので少し長くなるが、その時の詳しい経緯を振り返ってみよう。

米証券が日本市場に戦争を仕掛けた

バブルの絶頂期を覚えているだろうか。ピークは一九八九年、株価は青天井で同年一二月には、三万八九一五円を記録した。日本人は株価や地価の高騰に沸きに沸いていた。まさに、日本経済の〝宴の時〟だったと言ってよい。

一方で、市場にマグマが溜まっていくのを海外から虎視眈々と眺める者がいた。その正体は、米系証券会社「ソロモン・ブラザーズ」(当時)。ソロモンは一九一〇年に設立されたユダヤ系金融機関であり、資本主義の歴史にも詳しいといわれる。資本主義の歴史とは、恐慌の歴史そのものなのだ。

彼らは、六〇年前のアメリカ大恐慌の研究も行なっていた。一九八九年当時の日本の状況も明らかにバブルであり、崩壊するのは間もないだろうと狙いを付けた。そして、その状況を利用し儲けるにはどうしたらよいのかを具体的に分析した。

バブル崩壊には役者が必要だった。その役者こそ「デリバティブ」だった。デリバティブの代表といえば「先物」である。そして八九年当時、デリバティブという名前を知る人は日本ではまれだった。その日本人の無知に付け込むかのように、このデリバティブを使って、あの米証券会社が日本市場に戦争を仕掛けてきたのだ。

具体的に説明しよう。現物と先物の価格差を使ってコンピュータで日経平均の全銘柄を一瞬で反対売買して儲けを得ることを「裁定取引」という。これを使って八九年秋、ソロモン・ブラザーズは日経平均を意図的に持ち上げて膨張させていった。

そして一九八九年一一月のことである。日本人が「株はまだまだ上がる！」と息巻いている真っ只中、このソロモン・ブラザーズはニューヨークで恐ろしいことを始めた。それは、日本の株が暴落したらボロ儲けという商品を売りまくろうという魂胆だった。彼らは、「プット・ワラント」という新商品を、アメリカの機関投資家や大口個人投資家らに大量に売り始めた。その際、顧客らには「年明けから日本株は大暴落しますから、大儲けできますよ」と言い含めたという。この商品は、日経平均株価が下がれば下がるほど利益が出るという商品であり、これをアメリカの投資家たちに大量に売り込んだのだ。

そして、明けて九〇年正月、日本の証券関係者も投資家も正月気分で次の輝かしい一年を疑わなかった。「今年はどの株で儲けましょうか」などと笑いながらお屠蘇酒を飲んでいるうちに、ニューヨークで突如異変が起き始めた。東京市場はお休みの正月二日のニューヨーク市場で為替が円安へと振れ始めたのだ。

それから債券、為替、株のトリプル安が始まった。すべてはソロモンの仕業だった。そして二月中旬、自民党が選挙で大勝した翌日を境にソロモンの総攻撃が始まる。株価はジリ安から一挙に大暴落へと転じ、ついにバブル崩壊の引き金が引かれた。ソロモンは株価を自由自在に操って、日本を翻弄した。そしてわずか数年で、日本市場を食い物にして四兆円もの利益を上げたといわれる。

国内は、阿鼻叫喚の大騒動となった。株価が下がっただけではない。政府（日銀）が不動産融資へのマネー供給の栓を九〇年秋に、急激に閉めたのだ。まず大都市の不動産が下がり始め、あっという間に全国に波及した。日本の資産とマネーの急激な収縮が始まった。九二年夏には、日経平均はついに一万五〇〇〇円の大台さえ割り込んだ。投資家たちは断末魔の悲鳴を上げた。そして日本は、「失われた一〇年」（あるいは二〇年）へと転落していった。

ソロモンが当時この引き金を引かなくても、いずれ他の海外投資家が同じことを仕掛けていただろう。バブルとは、中身のない経済ということだ。実態と乖離《かいり》しており、誰かが引き金を引けば必ずパチンと弾けて消えてしまう。

さて、ここでぜひ覚えておいて欲しいのは、ソロモンの戦略では株価暴落で儲けるためにに、株だけでなく為替、債券も含めた三つ巴のトリプル安を狙ってきたということだ。近い将来予想される日本国債暴落においても似たようなことが起こるだろう。というよりも、海外勢は必ず同じような戦略をとってくると考えておいた方がよい。

株は長期上昇局面に入った

では、こうした予備知識を装備したところで本題に入るとしよう。そこで、いよいよ先ほど紹介したチャートの専門家・川上氏の衝撃のインタビュー内容を見てみよう。

まず川上氏の分析の手法だが、江戸時代から伝わる「カギ足」という一見古風で伝統的なチャートのやり方を使って市場を見るものである。彼の独特の考え方として他の要素——たとえばアベノミクスの行方とか、日銀の方針とか、世界情勢とかを一切考慮せずにただひたすらカギ足の形から未来のマーケットを予測するのだという。私はこの点に今、強くひかれている。つまり、こういうやり方からも同じような結論が導き出されるとしたら、やはりそれは二重の意味で確かな証拠といえるのではないか。

いずれにしても、株、債券、為替は三つ巴の関係で連動して動くのだ。

そこで、川上氏の独特な分析の「株」に関する部分から見てみたい。

株価はその国の経済力の象徴であり、企業の実力を現わすものでもあり、この三つの中でも私たちにもっとも身近なものである。九〇年二月からの株価大暴落により、日本経済は未曾有の状況に陥り、長期デフレに突入した。株価の後を追うように不動産も暴落し、この二つの資産価値の下落によって銀行も莫大な不良資産を抱え、九七年をピークに多くの銀行や生保、証券会社が危機に陥った。政府が公的資金投入などを行ない支援したためにあの程度のことですんだが、実際には八〇年前のアメリカの大恐慌のような状況になるはずだった。結局のところ、政府が天文学的借金をして民間の穴埋めをしたというのが、この二十数年の実態である。

では、今回のデフレと経済的衰退をもたらした株価の長期下落だが、今後はどのような展開になるのだろうか。カギ足分析の天才アナリストである川上氏は、まず一番目の株価についてのっけから驚くべき〝予言〟を私に言い渡した。なんと、株価については「九〇年からの長い下落の終焉が確定した」というのだ。つまり、日本の株は上昇に向かい始めたということだ。しかも、これから約四〇年かけて上昇するという。これはまさに驚くべきことで、日本経済にとっては天地がひっくりかえるほどの出来事である。株で損する時代が終わり、株で儲けられる時代が始まったというのだ。

では、大底はいつかというと、週足ベースでいうと二〇〇九年三月一〇日の七〇五五円だ。それでは四〇年後（ということは西暦でいう二〇五〇年、平成では六六年ということになる。私も読者の半数もおそらく生きてそれを見ることはないだろうが）の株価の天井は一体いくらくらいになるのか。戦後の日本の復興→高度成長→バブルという四〇年の歴史で見てみると、一九五〇年から一九八九年までの四〇年間で日経平均で約四〇〇倍になっている。それをもとに考えると、二〇〇九年の約七〇〇〇円を基点としてその一〇倍～四〇倍になっても不思議ではないという。ということは、最大で日経平均二八万円ということもありうるのだ。

こうした驚くべき予言の背景には、もう一つの巨大サイクルがあるという。

川上氏によると、株・商品・金利には六〇年サイクルがあるというのだ。

一九二〜一九三ページの図にそのことを大ざっぱに描いてみた。株の場合、上昇＋下落の二つの合計で大体六〇年になる。上昇と下落の時間の比率はその時によって異なるという。一九二〜一九三ページの図を見るとそのことがよくわかる。ここには、一八九〇年から直近までの一二〇年間の大きなトレンドが書いてある。前回のサイクルでは、一八九〇年に始まった上昇トレンドは一九一九年で天井をうち、第二次世界大戦をはさんで朝鮮戦争勃発まで下落トレンドが続いた。上昇が三〇年、下落が三〇年という比率だった。この三〇年の上昇の最後には、第一次世界大戦特需によるバブルが訪れ、成金が続出した。しかし、大戦終了による反動不況で株価は三〇年におよぶ下落トレンドへと突入してゆく。やがて、昭和恐慌→世界恐慌→戦争の時代という大変な時期がやってくる。一八九〇年（明治二三年）から始まり一九五〇年で終わる前回の六〇年サイクルでは結局、上昇三〇年、下落三〇年という半々の比率であった。

それに対して、今回の六〇年サイクルは一九五〇年の朝鮮戦争を基点として

60年サイクルがある

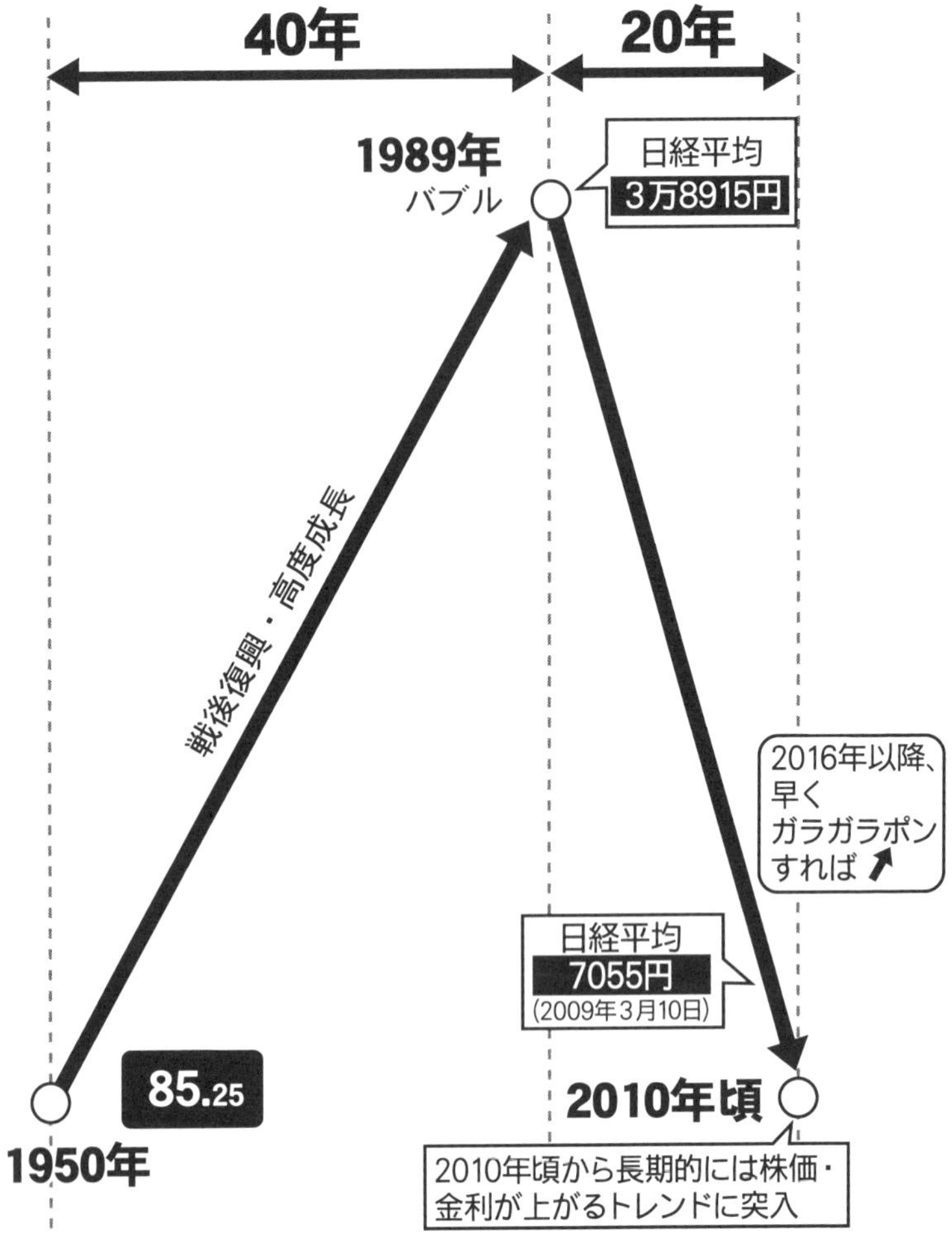
40年
20年
1989年
バブル
日経平均
3万8915円
戦後復興・高度成長
2016年以降、
早く
ガラガラポン
すれば ↗
日経平均
7055円
(2009年3月10日)
85.25
2010年頃
1950年
2010年頃から長期的には株価・
金利が上がるトレンドに突入

株・商品・金利には

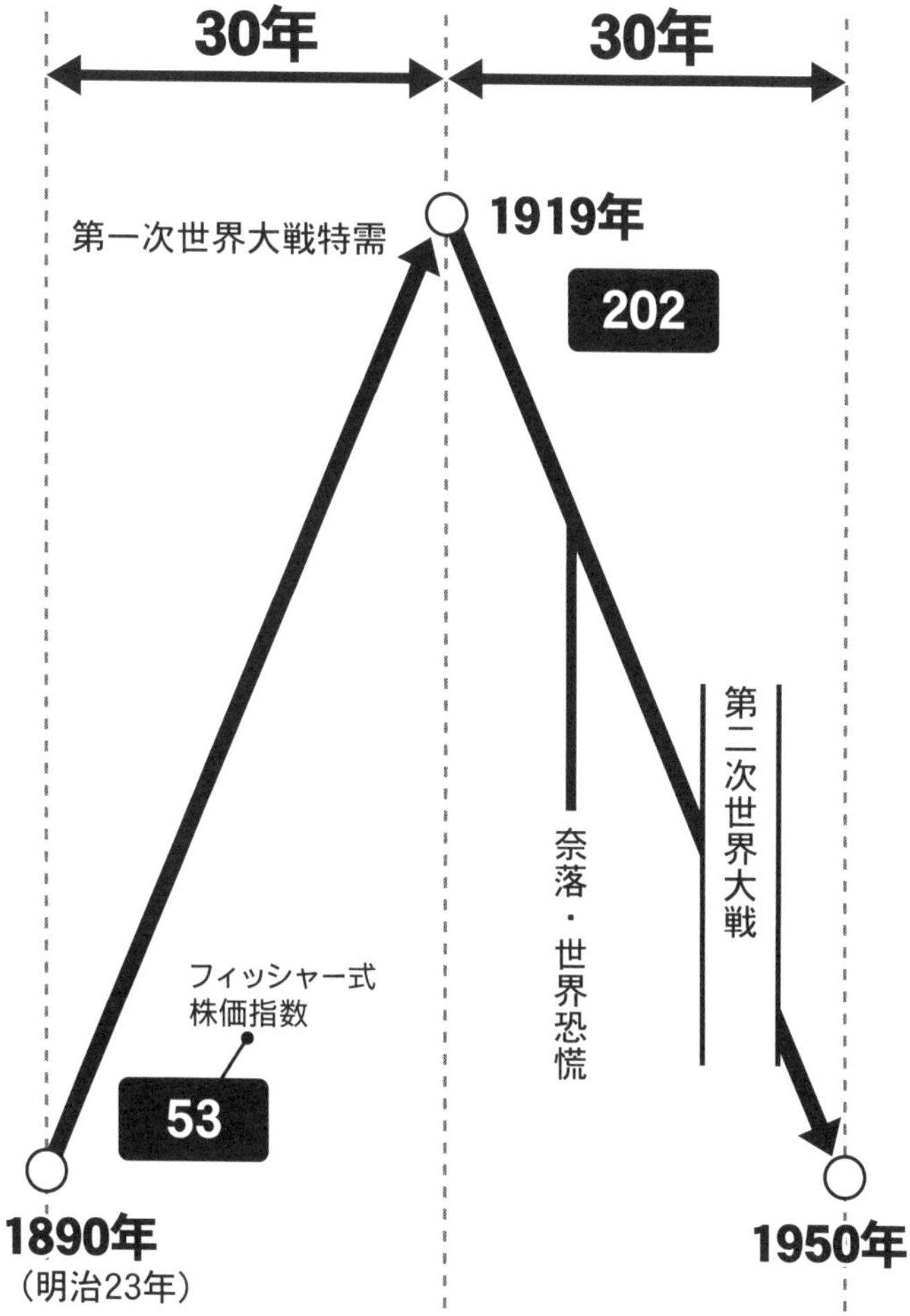
30年
30年
1919年
第一次世界大戦特需
202
奈落・世界恐慌
第二次世界大戦
フィッシャー式
株価指数
53
1890年
（明治23年）
1950年

戦後復興、高度成長（途中に東京オリンピックという大イベントがあった）、そして最後の徒花《あだばな》としてバブルがあった。その間、ちょうど四〇年。一九八九年の年末には日経平均は四万円間近の三万八九一五円に到達した。しかし、九〇年の二月から米証券会社ソロモン・ブラザーズの仕掛けをキッカケとして大暴落を開始、阿鼻叫喚の地獄が始まった。やがて本格的デフレが到来し、九七年には寒風吹きすさぶ中、一部の銀行に取り付けの人々が行列をなし、あの山一證券が音を立てて崩壊した。

その後、紆余曲折を経てリーマン・ショック直後の二〇〇九年三月一〇日に、七〇五五円という歴史的大底を打つこととなった。大変不思議なことに、株の大暴落が始まったのは正確には九〇年の二月一九日のことであり、株価は二〇年ほどで大底に到達したことになる。こうして今回の六〇年サイクルでは、上昇四〇年下落二〇年という、前回とは違う時間の比率となった。そして次回の株の上昇の基点は二〇一〇年頃であり、そのスタートの株価は約七〇〇〇円である。

安倍首相は、ある意味で運が大変良かったといえる。株価が上がりたくてうずうずしている時にアベノミクスを打ち出し、黒田日銀異次元緩和を発表したのである。その後、二年ほどの株価は、まさにウナギ登りであった。

そこで、話の本筋に戻ろう。川上氏の株価予測の続きである。株価は二〇一〇年頃から長期上昇がスタートし、三〇年～四〇年間（なぜこう書いたかというと、前回と今回の六〇年サイクルを見てもわかる通り、短い場合で三〇年間、長い場合で四〇年間上昇が続くわけで、正しく書くと三〇年～四〇年という幅をもたせた方がよいということになる）上がり続けるという長期相場が始まったのである。そこで川上氏は次のように断言する。「株は、長期では目をつぶって買ってよい」と。つまり、彼の真意はこうだ。「短期（二年～三年）という単位で見ると、株には調整が入り損をすることもあるが、長期（一〇年以上）で見れば株は必ず上がるわけだから、本当の余裕資金であれば、潰れる可能性のないまともな会社の株は目をつぶって買ってよい」

さて、ここで大きく話題を変えよう。では、世界最大の株価指標ともいうべきNYダウはどうなるのか。これも皆さんが一番知りたい内容だろう。川上氏の結論は興味深い。日経平均とは、まったく違うことを彼は言い始めたのだ。「NYダウは上昇の最終局面だ」という。つまり、NYダウは直近ではまだ上がるが、それが歴史的天井でその後長期の下落局面に入るということだ。

為替は長期円安

ではここで、為替に話を転じたい。海外通貨にはいろいろなものがあるが、ここではその代表格として米ドルについて論じたい。

そこで、川上氏の〝予言〟に耳を傾けよう。ドル／円について言えば、今、円高方向へと大きく調整してはいるが、二〇一三年五月二二日に一〇三円を付けたので、これまで戦後延々と続いてきた「長期円高トレンド」は終了したという。これもまた、衝撃的内容と言ってよい。

では、円高のピークとはいつだったのか。それこそ、二〇一一年一〇月三一日の七五円五五銭が歴史的大底だという。長期的な数十年単位の視点で見ると株とほぼ連動して為替も底を打ったと言ってよいのだ（株は二〇〇九年、為替は二〇一一年。もちろん二年の差があるが、長期の流れの中では誤差の範囲内だ）。そして七五円から始まった今回の円安の第一波のトレンドの中で、とりあえずドル／円は一二〇円までいく可能性があるという。そして、一二〇円を抜けると加速して一気に一三〇円～一四〇円へと向かうという。ただし一二〇円を付けてからそのまま円安へとまっしぐらに進むわけではなく、いったん円高へ戻し、その後再び一三〇円へ向かうという。それが今回の円高調整といえる。その際に気を付けて欲しいのは、一二〇円まではいい円安、一三〇円を超えると日本にとってヤバイ円安となるという点だ。

そして、一二〇円を超えると日銀が介入せざるを得なくなるという。なぜか。理屈はこうだ。為替と債券（＝国債）の間に巨大な矛盾が生じるからだ。つまり、一二〇円以上の円安はインフレを国内に呼び込むので、なんとか止めたい。とすると、その手段として金利を上げざるを得ない。しかし政府・日銀としては、債券価格は下げたくない。国債価格が下がったら、一気に破産に追い込まれるからだ。

つまり債券価格を下げたくないということは、金利を上げたくないということだ。為替の面からは金利を上げざるを得ないが、債券の観点からは金利を上げたくない。この自己矛盾は、やがてどこかでコントロールできなくなる。

しかも、国債(=債券)のマーケットと為替のマーケットでは、その性格が大きく異なる。国債市場は日本政府が厳しく管理しているし、国内勢の保有比率が高いため日本国内でコントロールしやすいが、為替市場の場合、動いている金額が莫大なのと海外勢の比率が高いため日本国内でコントロールできない。結論からいうと、まず為替がコントロールできなくなって、やがて国債が暴落という順番になるのだ。

というわけで、もう一度確認すると為替は「長期円安」がすでに確定した。しかも、ここからの内容がさらに衝撃的だ。なんと、一ドル=三六〇円で止まらなければ、上はいくらでもあるという。現時点ではちょっと信じられないかもしれないが、一ドル＝一〇〇〇円どころか、それ以上があるかもしれないと川上氏は私に漏らした。そこで、私が「それはハイパーインフレということですか」と問うと、彼は「そうだ」と静かに答えた。その場合、もちろん株価も自動的に上がるということだ。

ただし先ほども述べた通り、これには一ドル＝三六〇円で止まらなければという条件が付く。そこで私は一歩踏み込んで、「川上さんの本音を教えて欲しい」と詰め寄った。すると彼は「三六〇円では止まらない」とはっきり断言した。「チャート上は、三六〇円で止まって円高に逆戻りするとは考えられない」という。つまり、三六〇円を抜けるとめどがなく、青天井の状態で上がっていくという。テクニカル的には二〇年〜三〇年後には一ドル＝一万円になってもおかしくないと私に語った。

そして、彼は最後に読者の皆さんへのアドバイスとして次の言葉を残していった。「長期的観点で見ると、円をすべて外貨に換えた方がよい」と。

最後に、今回の長期円安トレンドのピークはいつなのだろうか。「株とまったく一緒で、円安トレンドも三〇年～四〇年続くだろう」と川上氏は分析する。ということは、円安のピークは二〇五〇年頃ということになる。大分先のことではあるが、為替は本当にいくらになっているのだろうか。そしてその時、日本はどういうことになっているのだろうか。

国債市場は将来、大爆発する

では、最後に「国債」(債券)について迫ってみることにしよう。これについても川上氏は衝撃的な〝予言〟をしている。「国債市場はそう遠くない将来、大爆発する」というのだ。国債価格上昇(＝金利低下)は最終局面で、高値には貼りついているが下がるエネルギーが溜まっている。マグマが異常なほど溜まっている状況で、その結果、「そう遠くない将来、大爆発するだろう」という。

ところで、二〇一三年四月の黒田異次元緩和の発表直後に数日間、国債価格が急落するという一瞬ヒヤッとする事態が発生したが、それこそ大爆発の「前兆」なのだという。

株でいえば国債市場では日銀が仕手の本尊だが、このまま本当に高値を維持できるのか。ポイントはあくまでも為替だという。先ほども述べたが、一ドル＝一二〇円を超える円安は日本経済に輸入インフレという悪影響を与えるので「悪い円安」といえるわけだが、日銀はそれ以上の円安を阻止しようと介入するが、先ほども述べた通り［一二〇円以上の円安は止めたい＝金利を上げる」VS［国債価格は下げたくない＝金利を上げたくない」という壮大な矛盾に直面するようになり、どこかでコントロールできなくなる。

では、国家破産については川上氏はどう考えているのだろうか。その重大な質問を投げかけてみたところ、彼はこともなげにこう言うのだ。「国債が暴落して国家破産状況になれば、一時的に景気は悪くなるが、ガラガラポンすればその後景気は急上昇する」と。彼はあっけらかんとまるで科学者がわかり切った実験をするように、〝ガラガラポン〟と言い放った。だが、ガラガラポンとは天地をひっくり返すほどのパラダイム大転換のことであり、私たち国民の立場から見れば、「徳政令」ということになる。逆に言うと、ここまで政府が借金を増やしてしまうと、チャート上からももう、ガラガラポンしか手はないということになるのだ。

チャート上には絶対書いてはいないが、その間私たち国民は国債の紙キレ化、預金封鎖、ハイパーインフレというパニックを経験しなければならない。市場は血に染まり、日本人自らも多大な犠牲が必要となる。最終的に個人資産の八〇%が没収、または消滅の憂き目に遭うだろう。市場原理に逆らい、無限の借金をしようという日本国政府の計画は打ちくだかれ、私たち国民は塗炭の苦しみを味わうことになるはずだ。

そして、その日は近い。チャートはそれを厳然と私たちに示している。

恐ろしいまでに今後の円安は進む

では、こうした話を踏まえた上で今後のドル／円の水準というものをながめてみることにしよう。一〇二円を巨大な岩盤として円安方向に押し戻された為替はここ一、二年（二〇一六年～一七年）はまだ不安定で、もう一度何か世界的な事件があれば、一〇〇円割れという円高を演じてみせるかもしれない。ただしそれは、「最後のドルの買い場」となるだろう。しかし、その後は徐々に本来の長期円安トレンドに乗って、一二五円を目指すこととなるだろう。二〇一五年に一度一二五円をトライして失敗し円高（一〇〇円割れ）へと向かったドル／円だが、次に一二五円を突破したら、今度は一気に一三〇円、一四〇円へと突き進むことだろう。

そして、その次の大きな心理的節目は一五〇円だ。この水準を超える頃になると国民の間にも一つの疑念が生じるはずだ。「このまま円で全資産を持っていてもよいのか」と。この一五〇円にドル／円が到達する頃には、国家破産の前兆が出ているはずだ。しかも、素人から見ても明らかに為替をめぐるトレンドが変わったことがわかるはずだ。つまり、それ以前は世界的な不安材料があると「有事の円買い（＝円高）」が起きていたのに、それ以降は「有事の円売り

（＝円安）」が起きるようになっていくのだ。

こうなると、事態は風雲急を告げる。一般の日本人までなるべく円を売ってドルを買おうとし始める。そして、賢い人々はそれを海外の銀行へ送金しようとし始める。こうなったら大変だ。雪崩のような円安が巻き起こることとなる。特に、一六〇円を突破し一八〇円に迫るようになると、その勢いが加速する。しかも、国内には輸入インフレのパニックが押し寄せることとなる。

そして、運命の二〇〇円超えだ。心理的にもこの抵抗線の突破は大きい。人々はもはや円を捨て始めるかもしれない。インフレ↕円安のスパイラルを誰にも止められなくなる。そして、ドル／円は出発点だった一ドル＝三六〇円へと紆余曲折を経て到達することになる。

しかし川上氏が指摘するように、ここで止まるとは思えない。なぜならば、ここまで円安が進むということは、日本が国家破産に突入していることを意味するからだ。おそらく国内には準ハイパーインフレ（年率二〇％～六〇％）の嵐が吹き荒れていることだろう。時期的には二〇二五年を過ぎたあたりであろうか。そして二〇三五年頃には一ドル＝一〇〇〇円という、今から見たら頭がオカシイというレベルの超円安に突入しているかもしれない。これが、今後の大雑把なドル／円の予測である。

浅井隆からの重要なお知らせ
——国家破産を生き残るための具体的ノウハウ

厳しい時代を賢く生き残るために必要な情報収集手段

国家破産へのタイムリミットが刻一刻と迫りつつある中、ご自身のまたご家族の老後を守るためには二つの情報収集が欠かせません。一つは「国内外の経済情勢」に関する情報収集、もう一つは「海外ファンド」に関する情報収集です。これについては新聞やテレビなどのメディアやインターネットでの情報収集だけでは絶対に不十分です。私はかつて新聞社に勤務し、以前はテレビに出演をしたこともありますが、その経験からいえることは「新聞は参考情報。テレビはあくまでショー（エンターテインメント）」だということです。インターネットも含め誰もが簡単に入手できる情報で、これからの激動の時代を生き残っていくことはできません。

皆様にとってもっとも大切なこの二つの情報収集には、第二海援隊グループ（代表　浅井隆）で提供する「会員制の特殊な情報と具体的なノウハウ」をぜひご活用ください。

"国家破産対策"の入口「経済トレンドレポート」

最初にお勧めしたいのが、浅井隆が取材した特殊な情報をいち早くお届けする「経済トレンドレポート」です。浅井および浅井の人脈による特別経済レポートを年三三回（一〇日に一回）格安料金でお届けします。経済に関する情報提供を目的とした読みやすいレポートです。新聞やインターネットではなかなか入手できない経済のトレンドに関する様々な情報をあなたのお手元へ。さらに国家破産に関する『特別緊急情報』も流しております。「国家破産対策をしなければならないことは理解したが、何から手を付ければ良いかわからない」

という方は、まずこのレポートをご購読下さい。レポート会員になられますと、様々な割引を受けられると共に、「大恐慌生き残り講座」にもご参加いただけます。
詳しいお問い合わせ先は、㈱第二海援隊
TEL：〇三（三二九一）六一〇六
FAX：〇三（三二九一）六九〇〇

具体的に〝国家破産対策〟をお考えの方に

そして何よりもここでお勧めしたいのが、第二海援隊グループ傘下で独立系の投資助言・代理業を行なっている「株式会社日本インベストメント・リサーチ」（関東財務局長（金商）第九二六号）です。この会社で二つの魅力的な会員制クラブを運営しております。私どもは、かねてから日本の国家破産対策のもっとも有効な対策として海外のヘッジファンドに目を向けてきました。そして、この二〇年にわたり世界中を飛び回りすでにファンドなどの調査に莫大なコストをかけて、しっかり精査を重ね魅力的な投資・運用情報だけを会員の皆様限定でお伝えしています。これは、一個人が同じことをしようと思っても無理な話です。また、そこまで行なっている投資助言会社も他にはないでしょう。

投資助言会社も、当然玉石混淆であり、特に近年は少なからぬ悪質な会社に対して、当局の検査の結果、業務停止などの厳しい処分が下されています。しかし「日本インベストメント・リサーチ」は、すでに二度当局による定期検査を受けていますが、行政処分どころか大きな問題点はまったく指摘されませんでした。これも誠実な努力に加え、厳しい法令順守姿勢を貫いていることの結果であると自負しております。

私どもがそこまで行なうのには理由があります。私は日本の「国家破産」を憂い、会員の皆様にその生き残り策を伝授したいと願っているからです。その生き残り策がきちんとしたものでなければ、会員様が路頭に迷うことになります。ですから、投資案件などを調査する時に一切妥協はしません。その結果、私どもの「ロイヤル資産クラブ」には多数の会員様が入会して下さり、「自分年金クラブ」と合わせると数千名の顧客数を誇り、今では会員数がアジア最大と言われています。

このような会員制組織ですから、それなりに対価をいただきます。ただそれで、私どもが十数年間、莫大なコストと時間をかけて培ってきたノウハウを得られるのですから、その費用は決して高くないという自負を持っております。まだクラブにご入会いただいていない皆様には、ぜひご入会いただき、本当に価値のある情報を入手して国家破産時代を生き残っていただきたいと思います。そして、この不透明な現在の市場環境の中でも皆様の資産をきちんと殖やしていただきたいと考えております。

一〇〇〇万円以上を海外投資へ振り向ける資産家の方向け「ロイヤル資産クラブ」

「ロイヤル資産クラブ」のメインのサービスは、数々の世界トップレベルのファンドの情報提供です。特に海外では、日本の常識では考えられないほど魅力的な投資案件があります。

ジョージ・ソロスやカイル・バスといった著名な投資家が行なう運用戦略としておなじみの「グローバル・マクロ」戦略のファンドも情報提供しています。

この戦略のファンドの中には、株式よりも安定した動きをしながら、目標年率リターンが一〇%～一五%程度のものもあります。また、二〇〇九年八月～二〇一六年七月の七年間で一度もマイナスになったことがなく、ほぼ一直線で年率リターン七・六%（米ドル建て）と安定的に推移している特殊なファンドや目標年率リターン二五%というハイリターン狙いのファンドもあります。もちろん他にもファンドの情報提供を行なっておりますが、情報提供を行なうファンドはすべて現地に調査チームを送って徹底的に調査を行なっております。

また、ファンドの情報提供以外のサービスとしては、現在保有中の投資信託の評価と分析、銀行や金融機関とのお付き合いの仕方のアドバイス、為替手数料やサービスが充実している金融機関についてのご相談、生命保険の見直し・分析、不動産のご相談など、多岐にわたっております。金融についてありとあらゆる相談が「ロイヤル資産クラブ」ですべて受けられる体制になっています。

詳しいお問い合わせ先は「ロイヤル資産クラブ」
TEL：〇三（三二九一）七二九一
FAX：〇三（三二九一）七二九二

一般の方向け「自分年金クラブ」

一方で、「自分年金クラブ」では「一〇〇〇万円といったまとまった資金はないけど、将来に備えてしっかり国家破産対策をしたい」という方向けに、比較的「海外ファンド」の中では小口（最低投資金額が約三〇〇万円程度）で、かつ安定感があるものに限って情報提供しています。

「レラティブバリュー・コリレーション」という金融の最先端の運用戦略を使ったファンドも情報提供中です。この戦略のファンドの中に、年率リターン一〇・三％（二〇一一年九月～二〇一六年七月）とかなりの収益を上げているものもあります。

一方で、一般的な債券投資と同じぐらいの安定感を示しているものもあります。債券投資並みの安定感で、年率リターンが二桁であることには驚きます。また国家破産時代の資産防衛に関する基本的なご質問にもお答えしておりますので、初心者向きです。
詳しいお問い合わせ先は「自分年金クラブ」
TEL：〇三（三二九一）六九一六
FAX：〇三（三二九一）六九九一
※「自分年金クラブ」で情報提供を行なっているすべてのファンドは、「ロイヤル資産クラブ」でも情報提供を行なっております。

投資助言を行なうクラブの最高峰「プラチナクラブ」

会員制組織のご紹介の最後に「プラチナクラブ」についても触れておきます。メインのサービスは、「ロイヤル資産クラブ」と同じで、数々の世界トップレベルのファンドの情報提供です。ただ、このクラブは第二海援隊グループが行なう投資・助言業の中で最高峰の組織で、五〇〇〇万円以上での投資をお考えの方向けのクラブです（五〇〇〇万円以上は目安で、なるべくでしたら一億円以上が望ましいです。なお、金融資産の額をヒヤリングし、投資できる金額が二〇〇万～三〇〇万米ドル（二〇〇〇万～三〇〇〇〇万円）までの方は、原則プラチナクラブへの入会はお断りいたします）。

ここでは、ロイヤル資産クラブでも情報提供しない特別で稀少な世界トップレベルのヘッジファンドを情報提供いたします。皆様と一緒に「大資産家」への道を追求するクラブで、具体的な目標としまして、「二〇年で資金を四倍～六倍（米ドル建て）」「二倍円安になれば八倍～一二倍」を掲げています。当初八〇名限定でスタートし、お申し込みが殺到したことでいったん枠がいっぱいになっていましたが、最近二〇名の追加募集をしております。ご検討の方はお早目のお問い合わせをお願いいたします。

詳しいお問い合わせ先は「㈱日本インベストメント・リサーチ」

TEL：〇三（三二九一）七二九一

FAX：〇三（三二九一）七二九二

海外移住をご検討の方に

さらに、財産の保全先、移住先またはロングステイの滞在先として浅井隆がもっとも注目する国——ニュージーランド。そのニュージーランドを浅井隆と共に訪問する、「浅井隆と行くニュージーランド視察ツアー」を二〇一六年一一月に開催いたします（その後も毎年一回の開催を予定しております）。ツアーでは、浅井隆の経済最新情報レクチャーがございます。

イギリスEU離脱で混沌とする欧州を体感する特別なツアー

第二海援隊では「一生に一度の旅シリーズ」として毎年、浅井が注目する国・地域へ訪問しています。二〇一六年六月には南米ツアーを行ない、現在経済危機に面しているブラジル、過去国家破産を起こした国アルゼンチンを訪問し、貴重な体験をしてきました。そして、二〇一七年は欧州のポーランドを訪問するツアーを行ないます。

ポーランドはEU加盟国でありながらユーロを導入していない数少ない国です。しかし、経済は堅調に推移しており、ユーロ導入を自ら見送っている国です。二〇一六年六月に同じくユーロ導入していないイギリスがEU離脱を決めましたが、この出来事を同じ立場のポーランドはどのように感じているのでしょうか。

今、欧州に流れている空気を肌で体験し、欧州が今後進む方向性を考えるツアーを開催します。

なお、現在このツアーでポーランドの魅力を存分に堪能できるよう、鋭意企画中です。ポーランドでもっとも美しい古都クラクフを訪問し、街角の素敵なカフェで一息。ショパンが半生を過ごした歴史あるワルシャワの街で、ショパンゆかりの地を巡ります。また、各滞在地では最高級ホテル、食事を手配いたします。まさに「一生に一度の旅シリーズ」にふさわしい豪華なツアーとなることでしょう。日程は二〇一七年六月中旬から下旬を予定しています。

ツアーに関する詳しいお問い合わせ先は「㈱日本インベストメント・リサーチ」

TEL：〇三（三二九一）七二九一
FAX：〇三（三二九一）七二九二

浅井隆講演会、国家破産対策、インターネット情報

浅井隆のナマの声が聞ける講演会

著者・浅井隆の講演会を開催いたします。二〇一六年は東京・一一月五日（土）に、二〇一七年上半期は東京・一月一四日（土）、福岡・四月二一日（金）、名古屋・四月二八日（金）、広島・五月一二日（金）、大阪・五月一九日（金）を予定しております。国家破産の全貌をお伝えすると共に、生き残るための具体的な対策を詳しく、わかりやすく解説いたします。

いずれも、活字では伝わることのない肉声による貴重な情報にご期待下さい。

第二海援隊ホームページ

また、第二海援隊では様々な情報をインターネット上でも提供しております。詳しくは「第二海援隊ホームページ」をご覧下さい。私ども第二海援隊グループは、皆様の大切な財産を経済変動や国家破産から守り殖やすためのあらゆる情報提供とお手伝いを全力で行なっていきます。

※また、このたび浅井隆とスタッフによるコラム「天国と地獄」を始めました。経済を中心に、長期的な視野に立って浅井隆の海外をはじめ現地生取材の様子をレポートするなど、独自の視点からオリジナリティあふれる内容をお届けします。

改訂版!!「国家破産秘伝」「ファンド秘伝」 必読です

浅井隆が世界をまたにかけて収集した、世界トップレベルの運用ノウハウ

（特に「海外ファンド」に関する情報満載）を凝縮した小冊子を作りました。実務レベルで基礎の基礎から解説しておりますので、本気で国家破産から資産を守りたいとお考えの方は必読です。ご興味のある方は以下の二ついずれかの方法でお申し込み下さい。

①現金書留にて一〇〇〇円（送料税込）と、お名前・ご住所・電話番号および「別冊秘伝」希望と明記の上、弊社までお送り下さい。

②一〇〇〇円分の切手（券種は、一〇〇円・五〇〇円・一〇〇〇円に限ります）と、お名前・ご住所・電話番号および「別冊秘伝」希望と明記の上、弊社までお送り下さい。

郵送先　〒一〇一―〇〇六二　東京都千代田区神田駿河台二―五―一
住友不動産御茶ノ水ファーストビル八階
株式会社第二海援隊「別冊秘伝」係
TEL：〇三（三二九一）六一〇六
FAX：〇三（三二九一）六九〇〇

破綻国家アルゼンチンでの特別取材ＤＶＤ発売

国家破産した国の庶民は、どのような苦境に陥り、そしていかにサバイバルしたのでしょうか。来たるべき日本国破産への備えを万全にするには、国家破産時の庶民の実態を知ることが極めて重要です。

浅井隆は、二〇年以上にわたって数々の破綻国家を訪れ、現地の調査と綿密な取材を行なってきました。そして二〇一六年六月、ついにアルゼンチンの国家破産時の実態を知るべく現地取材を敢行しました。二〇〇一年に国家破産したアルゼンチンは、約六〇年前に日本から多くの移民を受け入れています。今回、この移民一世の日本人の方に特別インタビューを行ない、国家破産の実態に迫りました。庶民を襲った信じられない出来事とは？　そして人々はいかにして苦境を乗り越えたのか？

今回、国家破産に関心を寄せる方のために、この貴重なインタビューの様子を収録した「アルゼンチン国家破産特別取材ＤＶＤ」を発売いたしました。書籍からだけでは知ることのできない、国家破産を生き残る上で重要なヒントが凝縮された特別インタビューです。
詳しいお問い合わせ先は「㈱日本インベストメント・リサーチ」
TEL：〇三（三二九一）七二九一
FAX：〇三（三二九一）七二九二

＊以上、すべてのお問い合わせ、お申し込み先・㈱第二海援隊
TEL：〇三（三二九一）六一〇六
FAX：〇三（三二九一）六九〇〇
Eメール　info@dainikaientai.co.jp
ホームページ　http://www.dainikaientai.co.jp

〈参考文献〉

【新聞・通信社】
『日本経済新聞』『産経新聞』『毎日新聞』『ロイター通信』
『ブルームバーグ』『ニューズウィーク』『ニューヨーク・タイムズ』
『フィナンシャル・タイムズ』
【書籍】
『日本銀行百年史』『日米金融交渉の真実』（久保田勇夫　日経ＢＰ社）
『金（ゴールド）が語る 20 世紀』（鯖田豊之　中央公論新社）
『日米通貨交渉――20 年目の真実』（滝田洋一　日本経済新聞社）
【論文】
『360 円レートの謎』（浅井良夫　成城・経済研究第 192 号）
『戦時・戦後復興期の日本貿易――1937 年～ 1955 年』（奥和義　関西大学商学論集第 56 巻第 3 号）
『日本貿易の構造変化の分析――一つの歴史的展望（1）』（渡部福太郎　学習院大学経済論集第 14 巻第 2 号）
『財政赤字とインフレーション―歴史的・理論的整理―』（藤木裕　日本銀行金融研究所・金融研究）
【拙著】
『最後の円高』（第二海援隊）『国債暴落サバイバル読本』（第二海援隊）
『悪い円安・大インフレでついに国家破産 !?』（第二海援隊）
『円崩壊』（第二海援隊）
【その他】
『ロイヤル資産クラブレポート』『自分年金クラブレポート』
【ホームページ】
フリー百科事典『ウィキペディア』
『ウォールストリート・ジャーナル電子版』『バロンズ』『日本銀行』『内閣府』
『外務省』『東洋経済 ONLINE』『日経ビジネスオンライン』『J CAST ニュース』
『ダイヤモンド・オンライン』『現代ビジネス』『ZUU online』『タイム』『GAZOO』
『ビジネスジャーナル』『クレディスイス』『Bullion Vault』『金投資の基礎知識』
『為替の仕組みとドル円相場の歴史』『アゴラ』『社会実情データ図録』
『世界史の窓』『MARKSLINES』『EVOLUTION JAPAN 株式会社』
『日本自動車工業会』『Investing.com』『フィナンシャルポインター』
『The Capital Tribune Japan』『AFP BB NEWS』
『Macrotrends』『金融大学』『GOLDPARK（三菱マテリアル株式会社）』
『一般社団法人日本金地金流通協会』『第一商品株式会社』
『田中貴金属工業株式会社』『株式会社東京商品取引所』
『WORLD GOLD COUNCIL』『TRADING ECONOMICS』
『NATIONAL BUREAU of ECONOMIC RESEARCH』
『ライバルたちの光芒（ＴＢＳ）』

〈著者略歴〉

浅井　隆　（あさい　たかし）

経済ジャーナリスト。1954年東京都生まれ。学生時代から経済・社会問題に強い関心を持ち、早稲田大学政治経済学部在学中に環境問題研究会などを主宰。一方で学習塾の経営を手がけ学生ビジネスとして成功を収めるが、思うところあり、一転、海外放浪の旅に出る。帰国後、同校を中退し毎日新聞社に入社。写真記者として世界を股に掛ける過酷な勤務をこなす傍ら、経済の猛勉強に励みつつ独自の取材、執筆活動を展開する。現代日本の問題点、矛盾点に鋭いメスを入れる斬新な切り口は多数の月刊誌などで高い評価を受け、特に1990年東京株式市場暴落のナゾに迫る取材では一大センセーションを巻き起こす。その後、バブル崩壊後の超円高や平成不況の長期化、金融機関の破綻など数々の経済予測を的中させてベストセラーを多発し、1994年に独立。1996年、従来にないまったく新しい形態の21世紀型情報商社「第二海援隊」を設立し、以後約20年、その経営に携わる一方、精力的に執筆・講演活動を続ける。2005年7月、日本を改革・再生するための日本初の会社である「再生日本21」を立ち上げた。主な著書：『大不況サバイバル読本』『日本発、世界大恐慌！』（徳間書店）『95年の衝撃』（総合法令出版）『勝ち組の経済学』（小学館文庫）『次にくる波』（PHP研究所）『Human Destiny』（『９・11と金融危機はなぜ起きたか!?〈上〉〈下〉』英訳）『あと２年で国債暴落、１ドル＝250円に!!』『東京は世界１バブル化する！』『株は２万2000円まで上昇し、その後大暴落する!?』『円もドルも紙キレに！　その時ノルウェークローネで資産を守れ』『あと２年』『円崩壊』『驚くべきヘッジファンドの世界』『いよいよ政府があなたの財産を奪いにやってくる!?』『2017年の衝撃〈上〉〈下〉』『ギリシャの次は日本だ！』『すさまじい時代〈上〉〈下〉』『世界恐慌前夜』『あなたの老後、もうありません！』『日銀が破綻する日』『マイナス金利でも年12%稼ぐ黄金のノウハウ』（第二海援隊）など多数。

ドルの最後の買い場だ！

2016年10月21日　初刷発行

著　者　浅井　隆

発行者　浅井　隆

発行所　株式会社　第二海援隊

〒101-0062
東京都千代田区神田駿河台２-５-１　住友不動産御茶ノ水ファーストビル８Ｆ
電話番号　03-3291-1821　　ＦＡＸ番号　03-3291-1820

印刷・製本／中央精版印刷株式会社

ISBN978-4-86335-172-1

Printed in Japan

乱丁・落丁本はお取り替えいたします。

第二海援隊発足にあたって

日本は今、重大な転換期にさしかかっています。にもかかわらず、私たちはこの極東の島国の上で独りよがりのパラダイムにどっぷり浸かって、まだ太平の世を謳歌しています。

しかし、世界はもう動き始めています。その意味で、現在の日本はあまりにも「幕末」に似ているのです。ただ、今の日本人には幕末の日本人と比べて、決定的に欠けているものがあります。それこそ、志と理念です。現在の日本は世界一の債権大国（＝金持ち国家）に登り詰めはしましたが、人間の志と資質という点では、貧弱な国家になりはててしまいました。それこそが、最大の危機といえるかもしれません。

そこで私は「二十一世紀の海援隊」の必要性を是非提唱したいのです。今日本に必要なのは、技術でも資本でもありません。志をもって大変革を遂げることのできる人物と、それを支える情報です。まさに、情報こそ〝力〟なのです。そこで私は本物の情報を発信するための「総合情報商社」および「出版社」こそ、今の日本にもっとも必要と気付き、自らそれを興そうと決心したのです。

しかし、私一人の力では微力です。是非皆様の力をお貸しいただき、二十一世紀の日本のために少しでも前進できますようご支援、ご協力をお願い申し上げる次第です。

浅井　隆